에니어그램
명상상담 전략

톡톡 나를 만나는 심리여행

에니어그램
명상상담 전략

김문자 지음

좋은땅

들어가는 말

우리는 살아가면서 누군가와 첫 만남에서 가장 먼저 생각하는 것은 그 사람은 어떤 사람일까? 즉 '성격은 어떨까' 하는 것이다. 나를 포함하여 상대방의 성격을 잘 모르는 채 서로의 관계에서 갈등을 초래하는 경우가 발생하기 때문이며 나를 알고 현실에서는 여러 문제 또는 다양하고 복잡한 서로의 성격을 잘 알고 그에 알맞은 대처나 행동을 취하는 것은 매우 중요하기 때문일 것이다.

성격, 즉 'personality'는 희랍어 'persona'에서 유래한다. '페르소나'는 고대 그리스 연극에서 배우들이 사용하던 가면을 지칭하며, 우리는 탈춤처럼 각 역할에 따라서 벗었다 썼다 하는 것처럼 사회적으로 각 개인들이 그 대상에 맞추어 공적으로 행동하는 겉으로 드러나는 모습이다. 즉, 한 개인이 각각의 위치에서 본성과는 다른 사회적·문화적인 경험을 통해서 적응적 관점에서 형성되는 '페르소나'는 학교에 가면 학생, 집에서는 엄마, 아빠 또는 남편, 아내, 회사에서는 팀장, 부장, 사원이라는 가면을 쓰게 된다.

한편 가면을 쓴다는 것은 본래의 자기 모습을 잘 알지 못하기 때문이기도 하다. 우리가 한 개인의 성격을 이야기할 때 그 사람은 무뚝뚝하고 까칠하다고도 하고 그 사람은 성격이 좋아, 또는 원만하고 순수하다

에니어그램 명상상담 전략

고 한다. 이렇듯 수많은 사람 중에서 성격유형과 같은 사람은 거의 없을 것이다. 그것은 타고난 기질과 양육환경, 주 양육자에 따라서 성장 과정에서 경험들이 각기 다르기 때문이다. 따라서 상대방의 성격을 알고 이해하기란 매우 어려운 일이다. 그래서 우리는 여러 길 바닷속은 알기 쉬워도 한 길 사람 속은 모른다는 이야기가 있기도 하다. 그만큼 성격의 특징들은 다양하고 이해하기 매우 어렵다고 볼 수 있다.

성격유형 이론을 연구하는 학자들의 관한 연구를 살펴보면 오래전부터 연구와 대중의 관심을 끌고 있다. 그중 우리나라에서 가장 대중화되어 있는 프로이트의 정신분석은 이드, 자아, 초자아로 정신세계를 구분하고 인간이 타고난 본능인 이드, 현실적인 자아, 초자아 중에서 어떤 성격 구조가 개인을 지배하는가에 따라서 성격이 다르게 나타난다고 하였다. 이드가 강한 사람은 매우 충동적이며 쾌락을 쫓는 성격이 나타나며, 자아가 강한 사람은 현실에서 잘 적응하는 사람이며, 초자아가 강한 사람은 매우 도적적인 성격이 나타날 스 있다는 것이다(김완일 공저, 1915, p.53).

에니어그램은 9가지로 성격유형을 구분하고 있으며 MBTI는 융의 심리유형 이론을 근거로 사람마다 다르지만 어느 부분 공통된 특징에 따라 에너지 방향, 인식기능, 판단기능, 생활양식이라는 4가지 척도에 따라 16가지로 유형을 구분하고 있다. 교류 분석은 정신과 의사인 에릭 번(Eric Berne)에 의해 개발된 세 가지 자아기능으로 자아 상태(행동, 사고, 감정)의 성격적 일부를 드러낸 어버이 자아상태, 어른 자아상태, 어린이 자아 상태로 구분하는 것으로 알려져 있다. 따라서 간단하게 몇 가지 이론을 살펴본바 자신의 성격 속에 감춰진 본성을 정확히 안다는 것은 어려운 일이다. 그래서 우리는 심리 상담을 통해서 개인의 고유한 성격적 특징을 아는 것과 성장으로 나아가는 것이 중요하다고 말할 수 있다.

첫째, 의사결정 방식 또는 일 처리하는 방식 그 사람의 사유하는 방식, 행동 특성을 안다면 예측이 가능하고 그 사람과 소통도 원활하게 할 수 있기 때문이다.

둘째, 개인의 고유한 특징은 습관화되고 고착된 문제이기 때문에 어떻게든 극복해야 하는 것이기 때문이다. 자신의 성격에 갇혀 멀리 보지 못하면 안 된다는 것이다. 시야를 넓히고 전체의 흐름을 읽어 내고, 그 속에서 나의 성격도 일부라는 것을 알아야 융통성 있게 적응할 수 있다.

셋째, 자신은 아는 만큼 보이고 높이 올라가야 멀리까지 볼 수 있듯이 우리의 내면의 본성을 알아야 한다는 것이다. 나의 성격의 특징을 알 수가 있고 무엇보다 나는 무엇에 집착하는가? 습관화된 나의 행동특징은 무엇인가를 알고, 무엇이 진정한 나의 모습인지를 알아야 된다. 자기 성격을 분명하게 안다는 것은 매우 중요하다. 자기 성격을 알아야 자신의 삶을 계획하고 새롭게 자신의 삶을 살아갈 수 있기 때문이다.

저자가 에니어그램을 처음 접했던 시기는 1990년대 국내에 들어왔을 때로 기억한다. 그때는 9가지 성격유형으로 나눠져 있다는 상식 정도만 알았고 본격적으로 공부를 하게 된 것은 10년 전 검사를 통해서였다. 당시 검사 결과에서는 나의 성격은 불안이 많은 편이며 그 불안은 기본적으로 타고난 기질이라고 말할 수 있다고 했다. 예를 들어 회의 중 화재 경보가 울리면 가장 빠르게 가방 들고 뛰쳐나와 엘리베이터 앞에 서 있다. 그 모습을 보고 함께 있던 동료들은 깔깔 웃으면서 행동이 빠르다고 했다. 그리고 영화관에 가서 보는 것을 즐기지 않는다. 건물이 무너지거나 화재가 나면 어떻게 행동해야 하는지 걱정과 불안 때문에 언제나 영화관에 가면 먼저 비상구부터 살펴보게 되었던 것이다. 또한 평생을 그저 내가 원하는 대로 이루어지지 않거나 주변이나 가족들이나 타인들이 내가 원하는 대로 해 주지 않기 때문에 불안이 찾아오게 된 것으로 알고 살아온 것이었다. 그런데 에니어그램 검사를 통해서 불안은 어린 시절과도 연관이 있고, 그 불안은 기질적으로 타고난 것도 있다는 사실을 알게 되었다. 그래서 습관화된 성격적 특징을 아는 것만으로도 그 불안의 척도가 낮아지는 경험을 하고 있으며, 지금은 고착과 집착으로부터 벗어나고 있는 과정에 놓여 있다고 볼 수 있다. 이런 과정을 거쳐 에니어그램 성격유형에 관심을 갖기 시작하여 연구를 하게 되었다.

「에니어그램의 성격적 특징과 사례 연구」 논문을 바탕으로 상담 현장에서 각 성격유형에 맞춘 상담 접근 방식을 적용한 결과, 내담자들에게 긍정적인 변화를 이끌어 낼 수 있음을 확인하였다. 이러한 연구 결과는 상담사들에게 실질적이고 유용한 도구가 될 것으로 기대하며, 에니어그램 유형별 사례를 중심으로 발간하게 되었다.

특히 여기에 소개하고 있는 에니어그램의 이론적 바탕은 기본적으로 인경이 2005년 개발한 『에니어그램 행동특징과 명상상담 전략』 교재를 기초로 하고 있다는 것을 밝히며 또한 저자의 학위 연구논문 사례를 중심으로 몇 사례를 추가 구성하였다.

김문자 씀

차례

제2부

제3부

표 목차

그림 목차

제1부

Ⅰ. 서론

1. 연구의 필요성 및 목적

오늘날 무한 경쟁시대를 살아가는 현대인들은 탐욕과 집착으로 스트레스를 받고 있다. 어느 누구도 이러한 스트레스로부터 자유로울 수 없다. 그러므로 사소한 일에도 특히 스트레스를 받게 되면 심리적, 신체적 고통으로 이어지며 만병의 근원으로 사회적 문제로까지 영향을 미치며 어려움에 빠지게 된다.

최근 여론 조사업체 갤럽이 발표한 「2022 세계 감정 보고서」에서 122개국 성인들을 대상으로 조사한 결과 부정적 경험 지수가 2014년 한 해 빼고는 계속 상승세를 보여 2011년 24점에 2021년 33점으로 40%나 상승했다. 2021년은 어느 해보다 더 스트레스를 받은 역대 최고치를 경신했다고 밝혔다. 갤럽은 세계인들의 부정적인 감정의 증가가 전적으로 코로나19 탓은 아니며 지난 10년 동안 꾸준히 이어지는 추세라고 밝히기도 했다. 그렇다면 우리나라 경우도 예외는 아니다. 성인 10명 중 3명(30.6%)이 스트레스를 '대단히 많이' 또는 '많이' 느끼고 연령별로는 20·30대의 대인관계 스트레스가 가장 크다는 2022년 기준 질병관리본부 통계가 나왔다. 조사에 따르면 연령별 스트레스를 가장 많이 느끼는 비율이 20대(37.9%), 30대(36%), 그다음으로 40대(27.5%), 50대 (26.5%), 60대(20.9%), 70대(21.4%) 순이다. 국립정신건강센터의 국가 트라우마 사업부에 따르면 스트레스 클리닉을 찾는 환자 중 젊은 층이 눈에 띄게 많다며 "취업이나 시험 준비, 아르바이트 등으로 체력과 정 신이 소진돼 온다."고 한다. 그 이유는 중장년층은 삶이 비교적 안정된 반면, 젊은 층은 경제적 여유가 없고 시간이 남으면 일을 하거나 공부 를 해야 한다는 압박감과 불안감에 시달리기 때문이다. 스트레스는 우 울증, 공황장애, 각종 공포증과 같은 정신과 질환뿐 아니라 신체 질환 을 유발한다. 통계청이 발표한 2022년 사회조사 결과에 따르면 스트레 스는 내·외부의 변화나 부담 등으로 작용하는데, 자신의 대처나 적응 에도 불구하고 지속되어 불안이나 우울 등의 증상을 일으키게 되며 대 인관계의 직접적인 영향을 미치는 요인으로 작용한다.

심리학자 Lazarus는 스트레스를 받으면 심리적으로는 초기에 초조, 걱정, 근심 등의 불안 증상이 발생하고 점차 우울 증상이 나타나며, 스 트레스가 너무 과도하게 오래 지속되는 경우, 상황을 이겨 낼 힘이 부 족해져 정신 건강 악화로 이어질 수 있다고 주장한다(통계청, 2022).

신체적으로는 심장이 두근거리거나 호흡수 증가로 인해 심장, 간, 근 육, 혈관에 부담을 주게 되어 두통, 요통 등이 발병할 위험이 높아진다. 또한 교감 신경의 흥분으로 그것을 억제하고 있는 부교감신경도 계속 흥분하게 되어 부교감신경이 지배하고 있는 소화관 이상으로 대장 증 후군, 위궤양, 위염 등의 위장 질환 등이 나타나기도 한다.

대한민국 정책브리핑(2019)에 의하면 내과 입원 환자의 70%가 스트 레스와 연관되어 있다고 하는데, 연구결과만 보더라도 스트레스가 질환의 발생과 악화 요인으로 크게 작용한다는 사실을 알 수 있다. KBS, 연합뉴스(2018. 8) 등의 보도에 의하면 사회적 비용으로 연간 37조 5천 억을 지출하고 있다고 밝혔다. 특히 한국 사회는 경쟁이 과도하고, 체면을 중시하는 사회적 특성으로 인하여 개인 1명당 평생 1억 천만 원의 스트레스 비용이 발생한다고 보도하고 있다. 이 점을 주목할 때, 스트레스는 우리에게 심리적, 신체적, 사회적으로 큰 영향을 미치고 있어 스트레스의 관리가 절실하게 요구되는 상황이다.

이러한 스트레스는 적절한 대인관계의 형성에 영향을 미치지 못하고 여러 가지 심리적 부적응과 혼란을 경험할 수 있다(고미숙, 전영자, 2016; 홍윤정, 이영선, 2017; 황보식, 장해숙, 2016; 황혜자, 유선림, 2005). 그리고 어린 시절의 부정적인 경험들과 욕구가 좌절된 경험으로부터 내재화를 통해 패턴으로 작용하여 현재 대인관계에 지속되는 특징을 보인다. 심리내적 요인들은 새로운 경험이나 적극적인 개입이 없으면 대인관계 스트레스에 부정적인 영향을 미친다고 보고하고 있다 (남윤정, 2020). 이에 본 연구는 대인관계 스트레스는 초기 부적응 도식 기원에도 주목하였다.

최근 연구 동향의 선행연구를 살펴보면 심리적 문제에 다양한 명상적 접근이 적용되었고 이를 바탕으로 연구 보고가 이루어지고 있다. 명상은 삶의 변화, 건강, 심리적인 문제에 직면하고 스트레스 감소와 함께 생각, 감정, 갈망, 즉 마음을 읽어 내어 의식 성장을 위한 효과도 얻을 수 있다는 것이다. 장지현(2013)의 연구에서도 명상은 성격적 특성의 변화와 의사소통의 효과를 확인하였다. 대인관계 스트레스와 관련하여 명상이 효과적인 프로그램이라고 보고되고 있다(김지영, 2011; 왕

인순, 조옥경, 2011; 조은영, 김세곤, 2012; 조옥경, 2011; 김세곤, 2019; 조현주, 2012). 또한 종합병원에 근무하는 간호사에게 마음 챙김 명상 프로그램을 적용하여 스트레스 소진, 수면 및 행복감에 미치는 효과를 확인하였다(안미나, 2017). 또한 뇌 기반 명상을 활용한 공무원들의 스트레스 관리와 정신건강 향상에 효과를 검증하였다고 보고했다(신근식, 2019). 이뿐만 아니라 여자 중학생 대상으로 호흡 명상을 실시하여 스트레스를 줄여 줄 수 있는 것으로 나타났다(김정숙, 2018). 또 다른 접근 방법으로는 성격유형에 따른 스트레스에 반응하는 척도가 다르다는 것을 감안하여 대인관계 스트레스를 줄일 수 있는 연구들도 꾸준히 늘어나고 있다.

한편 레크리에이션 종사자의 에니어그램 성격과 직무 스트레스, 직무만족도, 조직몰입의 관계에서 직무 스트레스는 대인관계와 몰입에서 유의미한 차이가 있다고 보고하였다(우성수, 2011). 에니어그램 성격유형에 따라 스트레스 대처방안 요인에도 차이가 있고 해소 방법도 다르게 사용하는 것이 적절함을 시사했다(김은정, 2018). 그렇다면 에니어그램을 활용한 명상상담으로 분노 조절이 가능하다 할 수 있다. 아울러 명상과 에니어그램의 통합 프로그램은 현대인들의 성격적인 측면으로 발생하는 심리적인 스트레스에 도움을 주고 나아가서 다른 사람과 조화롭고 행복하게 삶을 살아갈 수 있다고 제언하고 있다(김동성, 2018). 모든 사람에게 같은 방식을 제공하는 명상 프로그램의 선행연구에서 밝혔듯이 각 개인의 성격유형과 명상의 통합적 프로그램이 스트레스 감소에 효과가 있음이 보고되었다. 따라서 본 연구는 개인의 심리적 갈등을 낮추고 사회적 안녕을 도모하기 위해 에니어그램 성격유형을 분석하여 그 성격유형에 알맞은 명상상담 전략 프로그램을 제공하여 연구 참여자가 무엇을 느끼고 어떻게 변화하는지를 살펴보고자 한다.

이를 위해 본 연구에서는 인경(2016)이 개발한『에니어그램 행동특징과 명상상담 전략』에 따른 감정형·사고형·의지형 영상관법 명상상담을 적용하였다. 그래서 본 연구는 에니어그램을 활용하여 개인의 성격유형을 알고 그것에 알맞은 명상상담 프로그램을 적용하여 어린 시절 경험이 현재의 시점에서 어떤 영향을 미치는지 영상을 떠올려 그 경험 자료를 근거로 자신의 내면세계를 직면하게 한다. 그러나 개인이 지닌 자신만의 고유한 성격 패턴이 명상상담 개입 과정에서 어떤 영향을 받고 어떻게 변화하는지 양적 연구를 통해 알기에는 한계가 있으므로 사례 연구를 통해 내담자의 주관적 경험에 대한 명상적 접근이 필요하다. 따라서 본 연구에서는 30대 여성이 대인관계에서 느끼는 불안·긴장·좌절·슬픔·피로 등에 에니어그램 성격유형에 따라 명상상담을 적용하는 단일사례 연구를 채택하였다. 연구 참여자에게 나타난 고유한 성격적 특성과 대인관계 스트레스의 관계를 분석하여 '명상상담 프로그램'의 효과를 심층적으로 분석하고자 한다.

2. 연구 문제

본 연구의 목적을 달성하기 위해 연구 문제를 다음과 같이 설정하였다.

① 대인관계 스트레스를 경험하는 30대 여성의 에니어그램 성격유형

은 어떤 특징이 있는가?

② 대인관계 스트레스를 경험하는 30대 여성 연구 참여자에게 명상 상담 경험은 어떠했는가?

③ 에니어그램 명상상담 전략은 연구 참여자에게 어떤 영향을 주었는가?

1. 에니어그램의 개념

에니어그램이란? '에니어(ennea)'는 아홉이란 숫자를 말하고, '그램(gram)' 은 그래프를 의미한다. 두 단어를 합성한 것으로 9개의 점을 갖는 그림 을 말하며, 이것이 에니어그램 도형이다. 구르지예프(George Ivanovich Gurdjieff)는 에니어그램 상징이 존재의 모든 것을 관장하는 세 가지 신 성한 법칙을 나타내는 세 부분으로 구성하고 있다고 설명한다.

1) 원(circle)

 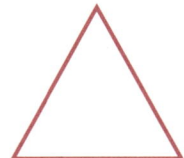 

[그림 1] 원, 삼각형, 헥사드

원은 전체적인 통합, 전체, 단일성을 가리키며 신은 하나임을 상징한

에니어그램 명상상담 전략

다. 즉 우주의 만다라이다. 에니어그램의 원은 각 개인 발달 과정을 둘러싸는 것으로 볼 수 있다. 원안은 성격의 유한한 본성을 암시하며 원밖은 조건화된 성격의 이해를 넘어서 존재하는 무한을 의미한다.

2) 삼각형(triangle)

삼각형은 두 번째의 상징, 삼각을 발견한다. 에니어그램 내면 삼각형은 능동적인 힘, 수동적인 힘, 중립(조화)의 힘을 나타낸다. 에니어램의 내면 삼각형은 심리적으로 우리 안에 어떤 일이 일어날 때 반드시 필요한 세 가지 측면을 상징하기도 한다. 그 세 가지 힘은 전진하는 힘, 저항하는 힘, 그리고 둘을 중재하고 한데 모으는 조화의 힘이다. 삼각형 꼭짓점에서 3번 유형은 모든 상황을 앞서서 주도하는 힘을 보여 준다. 6번 유형은 저항하는 힘으로 대립한다. 9번 유형은 화합의 힘이다.

3) 헥사드(hexad)

헥사드는 정체되어 있지 않고 움직이는 역동성의 변화를 나타낸다. 구르지예프는 에니어그램은 역동적으로 움직이는 살아 있는 상징이라고 말한다. 고대 수학자들은 7을 변형의 상징으로 간주했다. 불변하는 것은 변화하는 것이라고 고대 철학자들의 신념을 통해 볼 수 있다(버트런트, 1945). '헥사드'의 선들로 상징하는 변형주기의 흐름은 변화의 과정을 도식화해서 보여 준다.

4) 에니어그램의 도형

　에니어그램의 도형은 하나의 원 주위를 9등분 하여 각 지점을 서로 연결한 선들로 이루어진 도형 안에 인간의 성격을 아홉 가지 유형으로 정립하여 설명하고 있다.

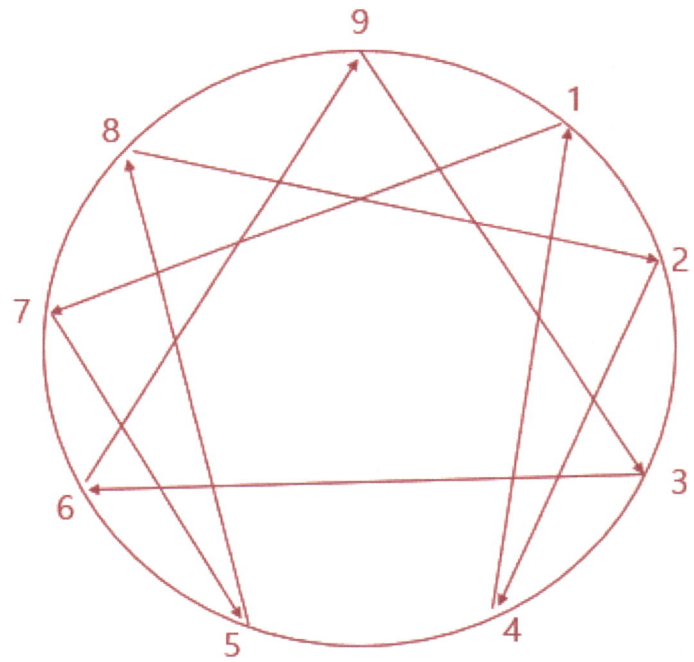

2. 에니어그램의 역사

에니어그램의 상징은 고대에서 왔으며 그 기원은 2500년 전으로 인간의 성격을 아홉 가지로 나누기 시작한 것도 A. D. 4세기경 같지만 그 이전일 수도 있다. 에니어그램의 정확한 기원은 역사 속에서 소실되었다. 이것이 어디서 왔는지, 그 상징을 누가 만들었는지 잘 알지 못한다. B. C. 2500년에 바빌론에서 시작되었다고는 하지만, 사실이라는 확실한 증거는 없다고 보아야 한다. 에니어그램이 고대 그리스 사상에서 나왔다는 설도 있다. 도형의 근거가 되는 이론은 피타고라스, 플라톤 철학자의 사상 속에서도 발견되었다.

에니어그램 상징을 현재 서구사회로 가져온 사람은 조지 이바노비치 구르지예프(George Ivanovich Gurdjieff, 1877~1946)이며, 현대의 에니어그램 사상을 정립하고 본격적인 연구를 시작한 사람은 볼리비아 출신의 철학자이자 교사였던 오스카 이카조(Oscar Ichazo)이다. 이카조는 구르지예프와는 별도로 파미르(아프카니스탄)의 지도자로부터 에니어그램을 배웠고, 칠레에 설립한 아리카연구소(AricaInstitute)에서 에니어그램을 가르치기 시작하였다(우재현, 2002). 이카조는 에니어그램을 심리학, 성격심리학의 심리 분류 체계와 결합했으며(Perry, 1996), 특히 우리가 알고 있는 에니어그램 성격 아홉 가지를 분류하는 데 결정적인 역할을 했다.

그러나 아리카연구소에서는 에니어그램에 대한 해석을 공개하지 않고 비밀스럽게 보존함으로써 1970년대 초반까지도 에니어그램은 상당히 모호한 상태였다. 에니어그램을 보급하여 워크숍 형태로 진행한 사람은 그의 제자인 정신과의사 클라우디아 나란조(Claudia Naranjo, 1932~2019)이다. 나란조는 애설런 연구소(EsaIen Institute) 출신으로 현대 성격이론의 관점에서 그 유형들을 더욱 정교하게 발전시켰다.

에니어그램에서는 사람마다 다양한 성격을 아홉 가지로 분류한다. 각 번호는 특정 성격을 나타낸다. 이 성격 유형을 구분한 사람은 오스카와 이카조이며, 현대적인 에니어그램을 체계화했고, 에니어그램 이론의 정착에 중요한 인물이다.

또한 오늘날 우리들이 알고 있는 에니어그램의 70%는 1975년 활동했던 돈 리처드 리소와 러스 허드슨이 개발한 것이다. 줄여서 리소&허드슨이라고 부른다. 에니어그램의 성격을 성격심리학으로 확장한 사람이다. 그러면서 1990년대 에니어그램의 학술회의를 통해서 널리 알려지기 시작했다. 특히 에니어그램은 미국의 스탠포드, 로욜라, 타우슨, 토론토 대학에서 강좌가 개설되어 있으며, 미국의 대기업에서도 비즈니스 코스로 채택되어, 대인관계와 커뮤니케이션, 상담, 의사결정, 프로젝트 관리, 갈등 관리 · 해소에 유용하게 접목하고 있다.

국내에서는 1990년 초반부터 가톨릭 내의 비정규 프로그램으로, 기독교에서는 공동체 성서연구원에서 에니어그램 워크숍을 진행하면서 에니어그램이 알려지기 시작하였고, 1990년부터는 (사)크리스천 치유목회연구원에서 정규 교과목으로 편성하면서 일반에게 급격히 확산되었다. 1990년대 후반부터는 심리학, 경영학, 교육학, 신학, 간호학 등의 분야에서 에니어그램 관련 연구 활동이 이루어지기 시작하였으며, 2000년도는 한양대학교 간호대학과 의과대학, 연세대학교 경영대학 에니어그램을 정규 교과목으로 편성하면서 점점 널리 확산되어 가고 있

　　　　　　　　　　에니어그램 명상상담 전략

는 추세이다. 국내에서는 1990년 심리학 관련 분야, 교육기관으로는 공동체 성서연구회, 열린신앙회, 사회학교, 한국에니어그램 협회 등에서 많이 활용되고 있다.

3. 에니어그램 성격유형

에니어그램은 성격유형을 9가지로 구분하고 있는데, 세 가지 중심 에너지에 속한 아홉 가지의 성격유형 이해를 통해 자신의 행동을 발견할수 있다. 이 유형 중 하나는 우리 행동의 가장 근본이 된다. 사람을 아홉 가지 유형 중 하나로 구분 짓는 획기적인 일이며, 자신이 살아가고 행동하는 패턴과 본질적인 동기를 알 수 있다(이소희, 2009). 에니어그램은 구조적 체계로서 이해하려면 세 가지 중심 에너지를 먼저 이해해야 한다. 각각의 아홉 가지 에니어그램 유형들은 세 가지 중심, 즉 머리형(사고)과 가슴형(감정) 그리고 배형(행동) 중 어느 하나에 뿌리를 둔다. 에니어그램의 이 세 가지 중심 에너지는 자신의 성격유형을 찾는근거가 되기 때문에 세 가지 중심 에너지에서 자신의 중심 유형을 찾는것은 매우 중요한 일이다. 에니어그램의 각 9가지 각 유형의 특징들은다음과 같다.

1) 1번 유형: 개혁자 '이성적이고 이상적인 유형'

이들은 실질적인 행동을 하는 사람들이다. 이들은 유용한 사람이 되기를 원하며 자기 삶에서 '이루어야 할 사명'이 있다고 느낀다. 1번 유형들은 강한 목적의식을 갖추고 있으며, 자신과 타인에게 자기 행동을 정당화해야 한다고 느낀다. 그러하여서 자기 행동이 가져올 결과에 대해서, 또 어떻게 하면 자신의 신념에 어긋나는 행동을 하지 않을지 많이 생각하고 고민한다. 그래서 이들은 자신이 '머리형' 즉 논리와 객관적인 사실이 앞서야만 행동할 수 있는 이성적인 사람이라고 생각하기가 쉽다. 그러나 이들은 자신이 해야 한다고 느끼는 것에 대해서 받아들일 수 있는 이성적 근거를 찾으며, 확신과 판단을 통해서 자기 행동을 통제하고 지시하는, 본능과 열정의 사람들이다.

2) 2번 유형: 돕는 사람
'사람들을 잘 돌보고 교류하기를 즐기는 유형'

이들은 도움을 주는 사람으로 여겨지도록 하는 데 많은 관심을 쏟는다. 이들은 다른 사람들을 너그럽게 대하고 사람들을 위해서 뭔가를 할 때 삶을 가장 의미 있고 풍요롭게 느낀다. 사람들에 대한 이들의 사랑과 관심 그리고 친절은 이들은 자기 가슴을 따뜻하게 하고 가치 있는 사람이라고 느끼게 해 준다. 이들은 사랑, 친밀함, 가족, 우정과 같이 삶에서 정말로 기분 좋게 느껴지는 것들에 많은 관심을 쏟는다. 이들은 건강하고 균형 잡혀 있는 상태일 때 사랑이 많고, 남에게 도움을 주며, 관대하고 사려 깊다. 이들은 자기 가슴에서 나오는 온기로 다른 사람들을 따뜻하게 해 준다. 이들은 모든 사람이 갖기를 원하는 좋은 부모의 모습을 가지고 있다. 이들은 사람들을 있는 그대로 보아 주고 큰 사랑

에니어그램 명상상담 전략

으로 이해하며 무한한 인내심을 갖고 격려할 줄 안다.

또한 언제나 기꺼이 도움을 주려는 마음을 가지고 있으며 언제 어떻게 상대방을 놓아주어야 하는지를 정확하게 알고 있다. 건강한 2번 유형은 항상 자신이 마음을 열고 있어서 우리의 마음을 가장 잘 열어 준다. 이들은 우리에게 더 인간적이고 삶을 풍요롭게 사는 방법을 보여 준다. 평균에서 건강하지 않은 수준에 있는 2번 유형은 다른 사람들을 위해서 자신을 희생해야 한다는 슈퍼에로의 요구에 복종함으로써 자신의 가치를 인정받기를 원한다. 이들은 사랑을 얻기 위해서는 다른 사람들을 먼저 생각해야 하고 자신이 먼저 사랑을 베풀며 이타적으로 되어야 한다고 생각한다.

그런데 문제는 다른 사람을 먼저 생각하는 것이 비밀스러운 내면에서는 이들을 화나게 한다는 것이다. 그래서 이 분노를 억누르고 부인하기 위해서 큰 노력을 한다. 그렇지만 결국에는 이 감정을 여러 가지 방식으로 분출해서 인간관계를 훼손할 수도 있다.

3) 3번 유형: 성취자 '성공 지향적이며 실용적인 유형'

이들은 건강한 범위에 있을 때 삶의 많은 영역에서 성공을 이룰 수 있다. 이들은 사회적으로 많은 것을 성취하기 때문에 사람들로부터도 존경받는다. 이들은 어떻게 자신을 계발하고 세상을 위해서 자기 능력을 사용해야 하는지를 안다. 또한 다른 사람들을 격려해서 그들 스스로가 생각하는 것보다 훨씬 더 많은 능력을 끌어낼 수 있다. 사람들은 이들에게서 자신의 꿈과 희망을 본다. 이들은 자기 삶이 성공적이기를 원한다. 이들이 생각하는 성공은 가족, 문화, 사회적인 영역에서 정의되는 모든 유형의 성공이다. 이들은 성공이라고 정의되는 것이라면 무엇이든지 성취하고 싶어 한다.

그래서 목표 지향적이 되기 쉽고 칭찬이나 긍정적인 주의를 자신에게 끌어오는 데 큰 노력을 기울인다. 어릴 때부터 부모나 친구들이 가치 있다고 여기는 활동을 잘 인식할 줄 알고 그 활동을 뛰어나게 하려면 많은 에너지를 쏟는다.

또 이들은 자기 내면에서 사람들에게 매력적으로 보일 수 있는 자질을 찾아내 개발할 줄도 안다. 사실 이들은 공허함에 휩싸이거나 자기가 가치 없는 존재라는 느끼는 것이 두려워서 성공하기를 원한다. 성공이 없다면 다른 사람의 관심을 끌 수 없고 성취감도 없을 것이다. 이들은 자신이 무가치한 존재가 되는 것을 두려워한다. 그런데 문제는 이들은 자신을 가치 있는 존재로 만들어 줄 수 있는 것을 성취하기 위해서 노력하다 보니 진정 자신이 원하는 것, 자신의 진짜 감정, 자신이 정말로 관심 있어 하는 것이 무엇인지 인식하지 못한다.

4) 4번 유형: 내적인 탐구자 '감성적인 혁신가'

이들은 자신이 다른 사람과 기본적으로 다르다고 생각하며, 자신의 정체성을 유지한다. 이에 따라 아무도 자신을 이해하고 사랑하지 않는다고 느낄 수 있다. 이들은 자신에게는 특별한 재능과 동시에 특별한 결함이 있다고 여길 수 있다.

건강한 개인주의자는 자신에게 정직하다. 이들은 있는 그대로의 자

에니어그램 명상상담 전략

신을 보는 것을 두려워하지 않으며, 다른 사람에게 자신을 감추려 하지 않는다. 이들은 아주 개인적이며 부끄러울 수도 있는 것을 기꺼이 드러 낸다. 따라서 이들은 고통을 견디고 처리할 수 있다. 이들은 자신에게 는 확신할 수 없는 무언가가 있다고 느낄 수 있으며, 명확하고 안정적 인 자신의 정체성에 대한 불안감을 느낄 수 있다. 많은 경우, 이들은 자 신은 다른 사람과 다르다고 여기면서도 혼자 있는 것을 원하지 않는다. 자신의 감정을 이해하는 사람들과 깊은 관계를 맺기를 바란다. 이러한 인정을 받고자 하는 욕구가 충족되지 않으면 계속해서 다른 사람과 다 르다는 생각을 강화할 수 있다.

이들은 부정적인 자아 이미지를 갖고 있으며, 자존감이 대체로 낮은 편이다. 이 유형들은 인간의 본성은 항상 변화한다는 것을 정확하게 감 지하며, 자신의 감정으로부터 안정적이고 믿을 수 있는 정체성을 만들 기를 원한다. 이를 위해 특정 감정만을 발달시키고 다른 것은 거부할 수 있다.

5) 5번 유형: 지적 탐구자 '지식 추구자'

이들은 지적 호기심이 매우 강하다. 새로운 아이디어나 개념을 탐구 하고, 이해하고자 하는 욕구가 높다. 이들은 끊임없이 학습하고 지식을 습득하며, 다른 사람들보다 더 깊이 있는 지식을 갖고자 한다.

자신만의 시간과 공간이 필요하며, 스스로 능력과 자원을 사용하여 문제를 해결하고자 하는 경향이 있다. 때로는 다른 사람과의 상호작용 이 부담스러울 정도로 내성적이고 독립적이며, 타인에게 의존하거나 도움을 받기보다는 스스로 문제를 해결하려고 한다. 감정적인 영향을 받지 않고 문제를 분석하고 해결하려고 한다. 이로 인해 인간관계에서 타인과의 감정적인 교류보다는 이성적인 교류를 취할 수 있다. 지식을 추구하는 것이 이들의 중요한 가치 중 하나이며, 자신이 관심을 두는 분야에 대해 깊이 있는 지식을 갖추고자 하며, 이를 통해 자신의 불확실한 미래에 대한 안정감을 유지하려고 한다.

일반적으로 혼자서 일하는 것을 좋아한다. 자신이 보유한 지식과 능력을 최대한 활용하려고 하며, 타인과의 협업을 피하기도 한다. 이로 인해 협업이 필요한 상황에서 어려움을 겪을 수 있다. 자신의 고립에서 벗어나기 위해서는 사람들과의 교류가 필요하며, 자신의 경계를 느슨하게 만들어야 한다. 다른 사람들과 연결되어 있지 않은 경우, 정서적으로 불안정해지거나, 소외감을 느끼거나, 지식의 한계에 직면할 수 있다.

6) 6번 유형: 충실한 사람 '충실하고 안전을 추구하는 유형'

이들은 친구나 자기가 믿는 신념에 가장 충실한 사람들이기 때문에 어떤 유형보다도 오래된 인간관계를 유지한다. 또한 이들은 이상, 체제, 신념 등에도 충실하다. 하지만 있는 그대로의 현실에 만족하는 것은 결코 아니다. 따라서 이들은 자신의 신념을 위해 아주 격렬하게 싸운다. 이들은 자기 자신보다 자신이 속한 사회나 가족을 보호하는 마음이 더 강하다.

이들은 기본적인 두려움이 있어서 다른 사람들로부터 버려지지 않기 위해 충실하다. 이 유형의 주요한 문제는 자신감의 상실이다. 이들은 스스로 도전하여 헤쳐 나갈 자원이 있지 않다고 생각하고 있다. 그래서 자기 조직, 자기편, 자기 신념에 의존하고 외부에 도움을 요청하는 것이다. 이들은 자기 내면을 알아차리는 데 어려움을 느낀다. 그래서 자기 생각과 판단에 대해 자신이 없다. 하지만 이들이 생각을 안 하는 것은 결코 아니지만 스스로 결정을 내리기보다는 다른 사람의 결정에 의존하고자 한다. 결국 다른 사람들에게 통제당하는 것은 피하지만, 자신이 책임을 떠맡아야 하는 상황에 부닥치는 것을 두려워한다.

이 유형의 사람들은 어떻게 이야기하든지 정확하게 설명할 수 없다. 이들은 강하고 약하며, 공격적이면서 수동적이고, 난폭하기도 하고 약하기도 하며, 방어적이면서 공격적이고, 생각하는 사람들이면서 행동하는 사람들이며, 사람들과 모이는 것을 좋아하기도 하면서 혼자 있는 것을 좋아하며, 신뢰가 많은 사람이기도 하면서 의심이 많은 사람이기도 하고, 협동적이기도 하면서 방해가 되기도 하며, 너그럽기도 하고 마음이 좁기도 하다.

이들의 가장 큰 문제는 자신의 감정적인 불안을 해결하려 하지 않고 외부 환경에서 안전을 만들어 내려 한다는 것이다. 자신의 불안에 직면하는 방법을 배움으로써 삶의 불확실성 속에서도 평화를 유지하는 법을 알게 된다.

7) 7번 유형: 열정적인 사람 '늘 분주하며 재미를 추구하는 유형'

이들은 자신의 주의를 끄는 거의 모든 것에 대해 열정적이다. 이들은 호기심과 낙천주의, 모험심을 가지고 삶에 접근하기 때문에 대담하고 쾌활하며 삶에서 자신이 원하는 것을 찾는다. 이 유형의 사람들은 생각이 늘 앞서가는 사람들이다. 앞일을 예견하고 재빨리 아이디어를 내놓는다. 대개 말이 많고 지적이며 여러 방면에 지식을 갖고 있다. 이들은 항상 아이디어가 넘치고 즉흥적이고 한 가지 주제에 관해 깊이 연구하기보다는 무엇을 만들어 내는 초기 단계에서 개괄적으로 살펴보는 것을 좋아한다.

이들은 대개 빠르고 기민한 두뇌를 가졌기 때문에 무엇이든지 빨리 배운다. 이들의 뇌와 몸은 잘 상응하는 것으로 여겨진다. 그러나 아이러니하게도 다양한 분야의 호기심과 뭔가를 빠르게 배우는 능력으로 인하여 자신이 진정으로 해야 할 것이 무엇인지 결정하는 데 어려움을 겪기도 한다. 이들은 스스로와 다른 사람을 위한 최고의 선택이 무엇인지 모른다고 느낀다.

그리고 이들은 불안을 대처하기 위해 더 많은 자극을 찾아서 한 가지 활동에서 다른 활동으로 계속 움직여서 마음을 항상 바쁘게 만들거나, 시행착오 기법을 사용함으로써 진정으로 자신이 원하는 것을 찾을 때까지 모든 것을 시도한다. 결국 이들은 대개 실질적이며 일을 성취하기 좋아한다. 긍정적인 면에서 보면 이들은 낙천적인 사람들이다. 풍부한 생명력을 갖고 있으며 삶에 대한 도전적인 욕망이 있다. 자연히 쾌활하고 유머 감각이 있으며, 어떤 것도 심각하게 받아들이지 않는다.

건강한 7번 유형의 기쁨과 삶에 대한 열정은 주변 사람들에 순수한 존재의 기쁨을 일깨워 줌으로써 자연스럽게 영향을 미친다.

에니어그램 명상상담 전략

8) 8번 유형: 도전하는 사람 '힘이 있으며 남을 지배하는 유형'

이들은 스스로 도전하는 것뿐만 아니라 다른 사람들도 어떤 일에 도전해서 자기 능력 이상의 일을 해내도록 격려하는 것을 즐긴다. 이 유형의 사람들은 대개 놀라운 의지력과 활동력을 가지고 있다.

이들은 이러한 자기 능력을 세상에 펼칠 때 가장 활력을 느낀다. 이 유형의 사람들은 통제당하는 것을 원치 않으며 그것이 어떤 형태로든 다른 사람이 자신에게 힘을 행사하는 것을 좋아하지 않는다. 이들은 항상 자신의 통제로 모든 일이 이루어지기를 원하고 자신이 속한 집단에서 영향력을 행사하고자 한다.

이유는 에니어그램 중 가장 거친 사람들이다. 어떤 유형보다 독립적이며 다른 사람에게 의존하는 것을 싫어한다. 이들은 사교적인 대화에 끼는 것을 거부할 때가 많으며 두려움, 수치심, 자기 행동 결과에 대해 걱정하는 것을 좋아하지 않는다. 이들은 신체적으로 해를 입는 것을 두려워하지만 그것보다도 자신이 힘을 잃거나 다른 사람에게 통제당하는 데 대한 두려움이 훨씬 크다. 이들은 아주 거칠어져서 신체적인 처벌도 불평 없이 잘 받아들일 수 있다. 이들은 자신이 가진 건강과 힘을 당연하게 여기기 때문에 건강을 소홀히 여기는 경향이 있다.

그러나 이들은 감정적으로 상처받는 것을 아주 두려워하기 때문에 신체적인 힘을 이용하여 사람들과 일정한 거리를 유지함으로써 자신의 감정을 유지한다. 하지만 이들의 거친 내면 아래에는 연약함과 부드러움이 숨어 있다. 이들은 아주 근면하지만 다른 사람과 많은 교류를 하면서 살지는 않는다. 이러한 면에 대해 가까운 사람들이 불만을 느끼게 되면 그들은 그것을 이해하지 못한다.

만약 이런 일이 일어날 때 당당한 태도와는 달리 내면으로는 상처받고 거부당했다고 느끼지만 말하지는 않는다. 스스로 연약한 면이 있다는 것을 인정하기 싫어서 스스로 방어하기 위해 다른 사람을 거부하는 것이다.

9) 9번 유형: 평화주의자 '느긋하며 남들 앞에 나서지 않는 유형'

이들은 스스로 다른 사람들을 위해서 내면과 외부의 평화를 추구하려고 애쓴다. 이 유형의 사람들은 본능적인 에너지에서 분리되어 있을 때 혼란을 겪는다. 따라서 이들은 그런 상황에서 보상하기 위해 내면의 세상과 환상 속으로 움츠러든다. 에너지의 균형이 갖춰지지 않을 때는 이들은 자신의 힘을 억제한다.

그러나 본능 중심에서 균형을 잡고 있을 때, 이들은 힘들이지 않고 모든 것을 끌어안는다. 이 유형의 사람들은 에니어그램의 모든 것을 포함하고 있는 듯 보인다. 그러나 이들은 자신의 진정한 정체성을 갖지 않는다. 아이러니하게도 9번 유형은 분리된 자아가 되는 것 다른 사람에게 대항해서 자신을 주장하는 개인이 되는 것을 가장 무서워한다. 이들은 누군가에게 녹아들거나 조용하게 그 속에 머물러 있다. 이들은 삶의 혼란스러운 면을 무시하고 무감각해짐으로써 어느 정도의 평화와 위안을 찾으려는 모든 사람의 공통된 유혹을 잘 나타내 준다. 이들은 자신의 문제에 대해 단순하고 고통 없는 해결책을 찾음으로써 삶의 긴장과 모순에서 도망치려는 경향을 보여 준다.

지금까지 에니어그램 9가지 성격 특징을 살펴보았다. 그러나 한 개인 안에 9가지 모두를 가지고 있다. 상황에 따라 환경에 따라 상대에 따라서 다르게 작용할 수가 있다. 내 안에서 어떻게 작용하는지 내면을 살펴보는 것이 나를 이해하고 성장의 방향으로 가게 된다는 것이다.

4. 에니어그램 성격의 5범주 12하위개념

에니어그램은 '인경'이 2005년 개발한 불교 명상법과 현대 서구심리 치료기법을 통합하여 개발한 것으로 본 연구는 『에니어그램 행동특징과 명상상담 전략』 프로그램을 활용하고자 한다. 『에니어그램 행동특징과 명상상담 전략』의 구성은 5범주 12하위 개념으로 이루어져 있으며, 5범주는 ① 대인관계, 사회성·교류관계·애착 정도, ② 어린 시절, ③ 자아개념, 생각/신념·갈망/욕구·감정/느낌, ④ 역동, 대응행동·위기·모순, ⑤ 본질과 성장으로 구성되었다.

첫 번째 범주는 '대인관계'이다. 적응적 측면에서 성격의 사회적인 관점을 말한다. 성격은 바로 대인관계에서 적극적으로 표출된다는 것이다. 성격은 특정한 대인관계의 맥락에서 의미가 있다고 보고, 그 하위개념으로 '사회성, 관계, 애착 정도' 3개의 하위개념을 둔다.

두 번째 범주 '어린 시절'은 성격이 가족 환경, 양육방식, 경험에 의해 형성되어 현재 대인관계에 크게 영향을 미치고 있다. 이런 경험 내용이 성격을 형성하며 구체적으로 특정한 성격은 내적 종자로서 고유한 심리적 도식이 존재한다는 것이다. 그래서 에니어그램에서는 어린 시절의 영향을 핵심 요소로 다룬다.

세 번째 범주는 바로 자아개념이다. 별도로 존재하는 실체가 아니라 신념·감정·동기와 같은 심리적 현상을 하위개념으로 한다.

네 번째 범주는 '역동'이다. 대표적으로 앞에서 소개한 프로이트의 무의식이나 성격을 구성하는 5요인의 역동적 변화 혹 스트레스에 대처하는 개인의 독특한 양식을 말한다. 이에 하위개념은 대응행동·위기·모순이다. 대응행동은 공격·회피·억압과 같은 대처행동을 위기는 적응적 실패로 말미암아 불건강한 행동을 그림자로서 상호 모순되는 성격적 행동을 말한다.

다섯 번째는 본질과 성장의 범주이다(인경, 2016), 성격은 변화하지 않는다는 속설도 있지만 에니어그램의 입장에서는 끊임없이 변화하고 '성장'한다는 입장이다.

현실적인 적응에 실패하여 이상한 성격이 나타나기도 하지만 계속적으로 변화를 하고자 하는 노력을 한다면 결국은 영적 '본질'에 나아간다는 것이다.

〈표 1〉에니어그램 5범주 12하위개념

I	대인관계	2사회성, 3교류방식, 4애착정도
II	어린 시절	5어린 시절
III	자아개념	6감정, 7신념, 8동기(갈망)
IV	역동	9대응, 10위기, 11모순
V	본질과 성장	12성장, 1본질

에니어그램 명상상담 전략

1) 에니어그램 성격

　각 개인이 가지고 있는 성격은 그 나름의 독특한 성향을 지닌다. 이런 성향은 선천적으로 타고난 것이 아니고 관지를 통해서 형성된 형태이다. 'personality'는 성격, 혹은 인격으로 번역돼 사용한다(인경, 2016). 'personality'의 어원은 'persona'이다. '페르소나'란 라틴어는 '탈', 가면을 의미한다. 가면 뒤에 진짜 자기 모습이 있음을 전제한다. 반면에 성격은 내면의 자기보다 겉으로 드러난 모습이란 의미이다.

　에니어그램은 첫째로 겉으로 드러난 독특한 개인적인 성향을 분명하게 이해하는 것이고, 둘째는 성격을 넘어서 너면의 진실을 분명하게 자각하는 것이다. 이러한 두 가지 관점을 적절하게 잘 설명해 주는 성격에 대한 이론이 에니어그램이다. 에니어그램은 감정형·사고형·의지형으로, 다시 외향·내향·중간의 3가지 성즈유형으로 분류된다. 이것을 다시 외향형·내향형·중간형으로 나누어서 전체적으로 3×3=9가지의 성격유형으로 구분한다. 감정형은 외향인 2번 유형, 내향인 4번 유형, 양쪽으로 걸친 3번 유형으로, 사고형은 외향인 7번 유형, 내향인 5번 유형, 양쪽을 모두 사용하는 6번 유형으로, 의지형은 외향인 8번 유형, 내향인 1번 유형, 그 중간에 위치한 9번 유형으로 구별한다.

　'감정형'은 다른 사람과의 관계에서 감정적인 측면을 중시하며, 중심된 과제는 사랑과 인정을 받는 것이다. 다른 사람을 도와줌으로써 자신을 좋아하도록 하는 2번 유형, 능력을 발휘하여 무엇인가를 성취하는 3번 유형, 특별한 자신만의 멋을 가져야 하는 4번 유형이다. '사고형'은 사유를 좋아하는 타입으로, 미래에 대한 불안감을 가지고 있다. 새로운 경험을 좋아하는 7번 유형, 권위에 충실한 6번 유형, 지식에 의존하는 5번 유형 등 세 가지 유형이다. '의지형'은 자기보존에 큰 관심을 가진다. 자신을 직접적으로 표현하는 8번 유형은 일단 참았다가 나중에 표출하는 1번 유형, 급한 상황이 아니면 표현하지 않는 9번 유형이다.

2) 에니어그램 성격유형의 의미

에니어그램은 9가지 성격유형의 그래프를 말한다. 크게는 세 가지 감정형·사고형·의지형으로 분류한다. 그런데 왜 이렇게 성격을 세 가지로 분류하는지 이론적으로 에니어그램에서는 밝혀 주지 않고 있다. 그렇기 때문에 이것에 관한 심리학자들의 몇 가지 해석과 견해들을 살펴보았다.

(1) 뇌과학적 견해

첫째는 뇌 과학적 견해이다(Riso, 1999). 에니어그램에서는 성격을 감정형·의지형·사고형으로 구분하고, 이것을 인간의 세 종류 뇌에 상응한다는 것이다. 인간의 뇌는 그 기능에 따라서 본능의 뇌, 감정의 뇌, 사고의 뇌로 분류된다. 첫째 본능의 뇌는 척추와 연결된 가장 깊은 곳에 위치한 관계로 후뇌라고 한다. 호흡, 심장의 박동, 혈압 조절과 같은 생명 유지에 직접 관여한다.

둘째, 감정의 뇌이다. 뇌의 중간에 위치하기 때문에 중뇌라고도 한다. 주로 희로애락의 감정과 관련된 기능을 담당한다. 인간의 뇌에서

'포유류 뇌'라고도 한다. 인간의 뇌는 이 부분을 변연계라고 부르며, 변연계는 주로 공포와 불안과 같은 감정적 기억을 담당한다. 그래서 우리가 대부분 감정적으로 격한 경험을 잊지 못하고 기억하는 것은 바로 편도체와 해마이다. 편도체(amygdala)는 기억을 담당하고, 해마(hippocampus)는 감정보다는 그 사건의 사슬을 담당한다.

셋째, 사고의 뇌이다. 인간의 뇌 가운데 가장 넓고 큰 부분을 차지한다. 그래서 현생 인류가 날카로운 발톱이나 재빠른 신체를 갖지 못했어도 고도의 문화를 일구면서 생존할 수 있었다.

인간은 기본적으로 이 세 가지 뇌를 가진다. 이들의 세 종류의 뇌가 유기적으로 잘 작용해야 건강하듯이, 인간에 있어서 의지형·감정형·사고형이라는 성격이 동시에 작동한다. 그래서 에니어그램 성격을 공부하는 데 어떤 성격이 중심이고 어떤 유형이 보조나 날개로 작용하는지를 유심히 살펴보는 일이 한 개인을 이해하는 데 있어 매우 중요한 일이다.

(2) 프로이트적 견해

에니어그램을 프로이트 심리학으로 이해하려는 시도이다. 에니어그램에서는 성격을 감정형·사고형·의지형으로 구분하는데, 각각의 그대로 우리의 본질이라고 보지 않는다. 이들은 모가 난 꼭지이다. 하지만 이들을 연결하는 전체의 원은 본질을 상징하고 곧 성격은 우리의 본성, 영성과는 다른 적응적 성격을 가진다. 본성에 방어적인 측면을 나타내는 성격은 진정한 자기가 아니라는 말이다. 성격(personality)을 진정한 자신이기보다는 'persona', 즉 가면, 가짜의 탈, 자신의 그림자라고 말할 수 있다. 프로이트 관점에서 보면, 방어는 성격에 의한 심리 내적인 갈등, 고통이 직접적인 원인이라고 본다. 이런 심리내적 자아의 갈등을 프로이트 학파에서는 보통 '불안'으로 설명한다. 이것은 세 종류가 있다.

첫째, 현실 자아가 느끼는 불안이다. 고통스런 현실을 존재하는 그대로 자각하는 것에 대한 두려움, 불안이다.

둘째는 신경증적 불안이다. 쾌락을 추구하는 충동에 대한 자아의 불안이다. 여기에서 나는 밖에 나가서 놀고 싶다. 그러나 그것은 금지가 돼 있다. 이것을 어길 경우 처벌을 받는다. 그럴수록 밖에 나가서 놀고 싶은 열망은 강해지고 불안은 더 깊어진다. 그래서 밖에 나가서 놀고 싶은 열망으로 인하여 가면을 쓰게 되고 그래서 우리는 더 불안해하며 신경질적이 된다.

셋째는 도덕적 불안이다. 도덕적 불안은 부모부터 양육하면서 사회규범에 아이의 행동에 처벌, 또는 칭찬이 일정한 규칙이 있음을 알게 되면서 심리적으로 내재화된 것이다.

이때도 우리는 가면을 쓴다. 이것은 내가 한 것이 아니다. 그러나 금지된 항목을 범한 이것은 계속적 도덕적인 수치심을 유발한다. 자꾸 불안해지는 슈퍼에고는 죄인인 자신을 끊임없이 처벌한다. 그래서 초월적인 존재에 광적으로 집착하게 된다. 이것들이 바로 방어기제를 만들어 내는 심리적인 갈등이다. 갈등은 불안을 만들고, 고통스러운 불안은 방어기제로서 성격을 형성시킨다. 에니어그램의 성격들은 프로이트적 내적 갈등으로 설명할 수 있다.

첫째, 다른 사람과 친밀감을 유지하는 전략이다. 그러므로 내적 갈등을 감소시킬 수 있다. 아주 친밀한 관계가 된다면 가짜의 나를 비난하지 않을 막연한 기대감이다. 이것이 대인관계의 핵심 전략이다. 이런 사람들을 여기에서는 감정형이라 하며 둘째는 갈등을 대치하는 방식으로 미래에 대해 준비하는 것이다. 불안할 때 어떻게 대처하는가? 여기저기 돌아다니는 것을 좋아하거나 그런 일을 하고 혼자 독립된 공간에서 정보를 모으거나 아니면 권위나 조직에 매달리게 된다. 이런 일들은 불안을 방어하고 자신의 갈등을 해결하기 위하여 생각을 많이 하는 사람들로 '사고형'이다. 이들은 궁극적으로 불안과 갈등이 없는 안전한 공간을 바라고 있다. 셋째, 갈등을 대처하는 방식으로 독자적인 영역을 갖고자 한다. 자신만의 영토가 있다면 불안하지 않을 것이라는 믿음이다. 자기의 영토를 확정하고 누군가 침범하지 않았거나 자기 경계성을 강박적으로 지키려고 애쓴다. 이들을 '의지형'이라고 할 수 있다.

(3) 불교적 견해

본 연구에서는 불교 심리학의 핵심 가운데 하나인 오온(五蘊)을 기반으로 하여 에니어그램을 이해하고자 한다.

오온의 경전적인 의미는 초월적 존재의 부재와 무아(無我)를 증명하는 방식이지만, 또한 불교 심리학을 대변하는 교설이기도 하다. 인간이란 무엇인가? 그것이 색수상행식(色受想行識)의 오온의 구성물이다.

<표 2> 오온의 구성

I	신체	색(色): 신체와 행동
II	마음현상	수(受): 느낌, 감정 상(想): 사고, 생각 행(行): 의지, 갈망
III	잠재의식	식(識): 종자, 도식

표에서 보듯 인간은 신체의 영역, 마음 현상, 잠재의식의 부분으로 구별된다. 첫 번째 범주인 색(色)은 행동하는 신체의 영역이다. 두 번째 범주는 마음 현상이나 작용을 나타낸다. 한역으로는 마음에 소속된 형상이란 의미의 심소법(心所法)이라고 한다. 여기에 수(受)·상(想)·행(行)의 세 영역이다. 세 번째 영역은 잠재의식 부분이다. 잠재의식은 과거의 경험 내용으로 신체와 마음 현상의 공통된 기반이고 에너지이다. 의식의 부재는 신체와 심리적인 상태의 죽음을 의미한다. 마치 불의 본질은 뜨거움이듯, 마음 의식의 본질은 분별이다. 이때 성격이 분별된 마음 현상이라면 명상은 마음 현상을 존재하는 그대로 관찰하는 것을 말한다. 관찰은 대상을 '알아차리고' 그 대상에 머물러서 충분하게 경험하고, 그 대상의 변화를 '지켜보고' 그 본질을 통찰하는 과정을 말한다. 명상을 통해서 마음 현상과 신체를 관찰하고, 명상은 거짓된 가짜의 성격적 특성을 벗겨 내고, 영적 체험 그 본질로 나아가게 돕는다. 여기서 명상상담의 이론적 배경은 다음과 같다.

5. 명상상담

1) 명상상담의 개요

오늘날 명상은 종교적이거나 초월적인 측면보다는 현실적인 여러 분야에 활용되고 있는 추세이다.

명상은 마음에서 일어나는 생각·감정과 감각 등을 알아차리고, 중심을 잃지 않고 마음의 편안함을 유지하면서 마음의 평화로움을 찾는 것을 의미한다(Arpaia&Rapgay, 2002). 즉, 명상은 '지금 여기'에의 집중을 의미하는데(이승헌, 2013), 마음을 안정하고 '지금 여기(Here and Now)'에 의식을 집중하면, 과거의 기억과 미래의 염려에 집착하지 않게 된다(전세일, 2004). 또한 명상을 통한 대상에 대한 의식 집중 훈련은 삶의 전반에서 만나게 되는 다양한 일들을 고요하게 바라볼 수 있게 해 주고 고통의 소멸과 내적인 평화 그리고 진정한 자아를 만들 수 있게 해 준다고 말하고 있다(장현갑, 2000).

명상은 스스로 알아 가고 탐구하고 자신에게 진정으로 다가가는 것을 목적으로 한다(한명희 외, 2007). 그리고 개인의 깨달음, 심신의 건강, 심신의 안정, 종교적 영성 등을 찾고 스트레스 해소와 심리적 치료의 목적도 가진다(박석, 1997). 종교적 실천의 형태인 수행에서 공통된 개념은 바로 '의식의 몰입'이다(강은애, 2009). 나아가 명상은 생각을 알아차리고 지켜보는 데까지 연결되었다(정태혁, 1987). 이러한 명상은 생리적·생화학적 변화를 포함하는 신체적 효과와 주의 집중 능력, 심리정서, 학습을 포함하는 심리적 효과를 가진다(방병노, 2000).

2) 명상상담의 임상적 효과

현대 심리학자들이 임상현장에서 'sati' 명상을 활용하는데 다양하게 새로운 방법으로 정의하고 있다. 명상의 효과가 널리 알려지면서 다양한 명상법들이 개발되어 활발하게 사용되고 있다.

Jon Kabat-Zinn의 MBSR(Mindfulness-Bases Stress Reduction) 프로그램은 스트레스 감소 프로그램으로, 8~10주 프로그램으로 구성돼 있다. 이 프로그램은 순간순간을 알아차림하고, 일상에서 생각하지 않았던 일에 '의도적으로 주의를 집중함으로써' 의식의 확장이 계발된다고 한다. 즉 스트레스로 인하여 발생한 온몸의 긴장과 압박감을 이완하고 주의를 기울이고, 알아차리고, 통찰하는 삶에서 새로운 형태로 관리와 지혜를 계발하는 체계적인 방법이다.

MBCT(Mindfulness-Based Cognitive therapy)는 'sati'를 기반으로 한 MBSR에 자극받아 Teasdale과 그의 동료들(Segal&Williams)이 다른 많은 정신장애와 비교하여 재발률이 높은 우울증의 재발 방지를 목표로 개발하였다. MBCT는 대체로 MBSR에서 사용하는 명상법을 계승하면서, 감정과 생각의 관계를 통찰하는 알아차림을 극대화하고 3분 호흡명상을 그 중심축으로 활용한다.

MBCT의 명상법에 대한 가장 큰 특징은 마음의 양식 바꾸다. 마음의 양식에서 '행위모드(doing mode)'와 '존재모드(being mode)'가 있다.

ACT는 치료 과정을 세 단계로 구분한다. 첫째는 생각과 느낌을 그대로 수용하고 불안·걱정·죄책감처럼 원하지 않는 것들 제거하지 않고 변화시키려고 싸우는 대신 있는 그대로 놔두고 수용한다. 두 번째는 자

에니어그램 명상상담 전략

신의 중요한 가치를 발견하여 선택하는 과정이다. 세 번째는 결심하고 행동하는 단계이다. 내담자나 환자들이 불안을 통제하려 하거나 회피하는 경향이 있고 불안을 제거하거나 통제하려는 노력 자체가 증상을 더 악화시킨다는 것이다. 차라리 불안을 삶의 일부로 받아들이고 있는 그대로 수용하고 인정하는 태도가 치료의 출발점이 된다는 것이다.

그리고 Linehan(1993)이 경계성 성격장애를 치료할 목적으로 개발한 DBT(Dialectic Behavior Therapy)가 있다. DBT는 마음을 지적 측면·감정적 측면·지혜의 측면으로 구별한다.

3) 불교학적 명상 개념

초기 불교 전통에서는 명상을 설명하는 데 지(止)와 관(觀)을 많이 이야기해 왔지만 후대 대승 유식불교 전통에서는 명상수행의 과정을 염지관(念止觀)으로 체계화하고 있다. 염지관은 대상에 주시와 알아차림을 의미하는 염('sati', 念), 대상에 집중하여 머무는 상태를 뜻하는 지(samatha, 止), 변화의 현상을 관찰하고 지켜보는 관(vipassana, 觀)을 결합한 용어이다(인경, 2012).

4) 명상상담의 핵심 요소

전통적으로 명상수행은 번뇌에서 벗어나 편안한 마음 상태로 가는 해탈을 목표로 하였다. 명상수행은 낡은 마음을 버리기 위해서 싸우거나 어떤 새로운 마음을 획득하는 지적 과정이다. 조건 지어진 마음의 현상을 '그 자체로 알아차리고 그곳에 머물러 수용하고 지켜봄'으로 정의된다. 명상수행은 사물을 존재하는 그대로 관찰하여 그 본질을 통찰하는 행위로서, 알아차리고[念, sati], 머물고[止, samatha], 지켜보는[觀, vipassana] 세 단계로 이루어진다고 설명한다(인경, 2012).

(1) 알아차림

알아차림[念, sati]의 단계에서 sati의 어원은 빠알리(pāli)어의 'sati'에 해당되며 동사 어근 √smṛ(기억하다)에서 기원한 말이다. 여기서 '기억하다'의 의미는 경험 내용을 단순히 마음속에 보관한다는 의미는 아니고, 예전에 경험한 것을 항상 잊지 않도록 '마음속에 계속 떠올리는 작용'을 말한다. 예를 들어 호흡 명상을 할 때 생각이 일어나면 내가 호흡을 하고 있음을 기억하고(알아차리고) 다시 호흡으로 돌아오는 것이다. 오늘날 영어권에서는 Mindfulness로 번역하고 일반적으로 Awareness(자각), Attention(주의 집중), Remembering(기억하기) 등을 의미한다(김성철, 2014).

(2) 머물기

머물기[止]의 'samatha'는 √sam(고요해지다)에서 기원한 말로 '고요(calm)', '평정(tranquilty)', '마음의 평온(quietude of heart)'이란 뜻을 가지고 있다. 사마타는 대상에 집중된 상태인 '머물기'와 마음의 장애들이 '그침 또는 멈춤'으로 해석될 수가 있다. 예를 들어 호흡명상을 할 때 생각이 일어나면 먼저 생각이 일어남을 알아차린 후 생각을 멈추고 호흡에 다시 집중해서 머무르기를 해야 한다. 즉 하나의 대상에 집중해서 머물고 있는 상태는 다른 대상에는 집중이 멈춘 상태가 되는 것이다(인경, 2012).

(3) 지켜보기

지켜보기[觀]의 'vipassanā'란 'vi'는 영어의 away나 off처럼 '떨어지다', '거리를 두다'라는 뜻의 접두어이고, 'passanā'는 보다(to see)의 의미로서 '일정한 거리를 두고 대상을 보다'의 뜻이다. 특히 대상의 변화를 있는 그대로 지켜봄으로써 그 본질을 통찰한다는 의미가 담겨 있다(인경, 2012). 이처럼 알아차리고 머물러서 지켜보는 염지관(念止觀) 명상은 넓게는 모든 현상의 발생, 머무름·변화·소멸의 과정을 관찰하는 수행법이다(인경, 2012).

(4) 영상관법

영상관법은 인간의 마음을 심층적으로 제시한 유식 불교에 그 기반을 두고 있다. 이러한 영상관법은 개인의 미해결 과제와 관련된 영상을 의도적으로 떠올려 마음에서 일어나는 감정·생각·갈망을 있는 그대로 알아차려 머물러 지켜봄으로써 개인들의 심리문제를 심층적으로 이해하고 통찰하게 하는 장점이 있다. 이러한 영상관법은 실무적으로 두 분야에서 활용될 수 있다. 첫째, 명상상담 과정에서 명상상담의

한 부분으로 활용될 수 있고, 둘째, 명상상담 과정의 한 부분이 아닌 영상관법만으로 이루어진 독립된 명상수행으로 활용될 수도 있다(인경, 2012).

(5) 연기관법

이것은 불교의 가장 중요한 수행법 가운데 하나로 이것이 있기에 저것이 있다는 상호작용 관계를 통찰하는 명상이다. 이것은 감정·생각·갈망의 관계를 살펴보는 데 효과적이다. 어떤 생각으로 발생하는지를 조사하고 다시 현실에 대한 판단이나 생각은 자신의 어떤 갈망과 두려움이 있는지를 발견하는 과정이다. 단, 호흡은 시작할 때와 마지막에도 반드시 포함된다(인경, 2012).

이상에서 살펴본 명상수행들을 중심으로 명상상담을 알아차림, 머물기, 지켜보기의 핵심요소와 영상관법과 연기관법으로 구성하여 본 사례들 상담에서 사용하였다.

6. 스트레스의 정의

스트레스의 사전적 정의는 내·외적 요구에 대한 적응 과정에 발생하는 위장장애·두려움·불안·분노·화·정서적 억압·신체적 또는 심리적인 압박으로 느껴지는 부담감이라고 정의한다. 스트레스는 한 개인의 일상생활 속에서 발생하는 환경적 사건 특히 자신이 대응할 수 있는 범위를 초과하는 상황에 대한 인식과 판단을 의미한다(Cohen et al., 1995).

또 스트레스는 신체적·심리적·사회적 체계에서 부여되는 환경적 자극과 개인의 내면적 욕구를 자각하고 적응 능력을 벗어날 때 느끼는 현상이며 그 반응은 적응적일 수도 있고 부적응적일 수도 있다(박복희·이영숙, 2000). 즉, 스트레스 원인은 개인마다 스트레스인지를 위한 기준이 다르고 스트레스 강도는 스스로 느끼는 것이며, 그 원인은 다양하다(하나선 외, 1998).

여성이 스트레스에 대처할 수 있는 자원이 부족하다는 것을 감지하면 그들은 그 상황을 스트레스 요인으로 인식함과 동시에 부정적인 감정반응을 겪게 된다. 『정신장애의 진단 및 통계 편람(Diagnostic and Statistical Manual of Mental Disorder: DSM-5)』에서는 불안은 위험한 상황에 직면하면 내려지는 심리적인 경계경보 같은 것이라고 정의한다. 실제적인 위험이 발생할 경우 그에 대비하도록 울리는 경계경보 같은 것이다. 실제 도움이 된다.

그러나 만약 경계경보가 장치가 너무 예민하거나 잘못되어 수시로 불필요한 경보음을 낸다면 우리는 불필요한 경계태세를 취하게 되고 과도하게 긴장하게 되며 혼란 상태에 빠지게 될 수 있다. 이처럼 불안 반응이 부적응적인 양상으로 작동하는 경우를 병적인 불안이라고 한다. 병적인 불안은 다음과 같은 점에서 정상적인 불안과 구별될 수 있다.

첫째, 현실적인 위험이 없는 상황이나 대상에 대해서 둘째, 현실적인 위험의 정도에 비해 과도하게 심한 불안을 느낀다. 마지막으로 불안을 느끼게 한 위협적인 요인이 사라졌음에도 불구하고 불안이 과도하게 지속된다. 불안으로 인하여 과도한 심리적 고통을 느끼거나 현실적인 적응에 심각한 어려움을 겪는 경우 불안장애라고 한다(권석만, 2014).

또 분노는 정확히 진단명이 따로 구분되어 있지는 않지만, 이상심리학에서는 다음과 같이 인용하고 있다. DSM-5에 따르면 간헐적 폭발 장애는 '파괴적 충동 조절 및 품행장애'에 속하며 비교적 명확한 진단 기준은 육체 폭력 또는 언어폭력이 최근 3개월 동안 1주일에 2일 이상 발생하며 재산 손괴나 신체 손상을 동반하는 감정 폭발이 1년 이내 3번 이상 발생하며 셋째, 공격성 및 감정 폭발의 정도가 계기가 되는 심리적 상황이나 스트레스의 정도에 비례하지 않으며 공격성 및 감정 폭발이 계획된 것이 아니고 목적 없이 일어난다고 말하고 있다(권석만, 2014).

한편, 마음이 아프고 비통하게 만드는 것을 '슬픔'이라고 한다. 정신의학 신문의 보도에 따르면 슬픔은 우리에게서 무엇인가 결핍되어 있다는 신호일 가능성이 있다. 가족이나 친구나 중요한 사람들의 인정이나 지지가 부족할 때, 사랑하는 사람이 자신에게 무관심하거나 바라는 애정을 주지 않을 때 일어나는 감정이다(최강록, 2024).

그다음 외로움의 사전적 정의는 홀로되어 쓸쓸한 마음이나 느낌을 뜻한다. 사회적 동물인 인간이 타인과 소통하지 못하고 격리되었을 때 느끼게 된다.

이렇게 다양한 현상으로 나타나는 스트레스는 심리적, 신체적 부적응 반응으로 대인관계의 영향을 미친다. 대인관계는 두 사람 이상의 상호작용을 말하며 개인이 상대방에게 어떤 생각하고, 어떻게 느끼고, 어떻게 행동하는가와 또 상대방에게 대한 욕구에 대한 심리적인 반응들이다(Heider, 1994. 재인용). 또한 다양한 상황에서 상호의

존적인 행동을 함으로써 만들어지는 두 사람 사이의 연계를 말한다 (Collins&Repinski, 1994. 재인용).

대인관계는 생애 초기 주 양육자와의 관계 속에서 형성된다고 볼 수 있다. 즉 대인관계는 가장 가까운 주 양육자와 관계를 통해서 자기 자신과 타인에 대한 심리적 표상을 형성하게 되고 이후 직면하게 되는 대인관계의 경험을 해석하고 대처하는 방식에 영향을 준다(Bretherton, Ridgeway,&Cassidy, 1990. 재인용).

대인관계에 대한 개념은 학자들의 관점에 따라 다양하게 정의되고 있는데, Leary(1957)는 대인관계의 행동적인 측면을 강조하여 대인행동을 타인과의 명백하고 의식적이며 윤리적이거나 상징적인 것과 관련된 행동이라고 정의하고 있다. 그러므로 대인관계의 스트레스는 심리적 안정에 저해하므로 자신을 돌볼 수 없는 상태로 어려움을 겪을 수 있다고 한다.

7. 심리도식 정의

인지치료 심리학자 Young(1990, 1999)은 만성적인 대인관계에서 겪는 성격 문제를 다루기 위해 심리도식 치료를 개발하였다. 도식은 여러 학문 분야에서 사용되고 있으며, 일반적으로 구조, 뼈대, 윤곽을 뜻한다. '도식'이란 용어는 심리학에서 자주 쓰이는데, 특히 인지 발달 분야에서 널리 사용한다. Young(1990, 1999)은 유해한 아동기 경험으로 인해 일차적으로 발달한 도식을 초기부적응도식이라고 정의하였다. 초기

부적응도식은 패배적인 감정·사고·행동의 패턴이며 생애 초기에 시작하여 평생 반복된다.

　초기부적응도식은 5개 영역으로 이뤄져 있다(Young, et al., 2003). 첫째, 단절 및 거절 영역에서는 안전·안정·돌봄·공감·감정·공유·수용·존중 등의 욕구가 예상대로 충족되지 않을 것이라는 도식으로 이루어져 있다. 이는 거절하고 억제적이고 외롭고 폭발적이고 학대하는 가족으로부터 기원이 있다고 볼 수 있다.

　둘째, 손상된 자율성 및 손상된 수행 영역은 타인으로부터 분리·생존 독립적인 기능으로 성공적인 수행과 관련된 자신의 능력을 잘못 자각하게 만드는 자기 자신 및 환경에 대한 기대를 지니고 있다. 집 밖에서 유능하게 수행할 수 있는 것을 만들어 주지 않은 가족의 기원을 가지고 있다.

　셋째, 손상된 한계는 내적인 한계 타인에 대한 책임감, 장기적인 목표 지향 등에서 결함을 지니고 있다. 현실적인 목표를 계획하고 달성하는 데 어려움이 있다.

　넷째, 타인 중심성은 타인에게 사랑과 인정을 받고 싶고 타인과 연결되어 있다고 느낌을 유지하고 보복을 피하기 때문에 자신의 욕구는 희생하고 다른 사람의 욕구·감정 반응에 지나치게 집착한다. 그리하여 자신의 분노나 선호는 인식하지 못하고 억제한다. 자신에게 중요한 것을 억제해야만 사랑·관심·인정을 받을 수 있는 가족에서 성장하였다.

　다섯째, 과잉경계 및 억제이다. 자신의 느낌, 충동, 선택을 지나치게 억제하며 윤리적인 행동 수행에 관련해서 엄격한 내면화된 규칙이나 기대를 충족시키는 것을 강조한다. 전형적으로 엄하고 요구사항이 많고 때로는 처벌적인 가족의 기원을 지니고 있다. 초기부적응도식을 가진 사람들은 대부분 외상 있는 아동기를 보냈고 어른이 된 후에는 자기파괴적인 관계를 무모하게 반복하거나 친밀한 관계를 회피하는 사람들이다(길영란, 2012).

만족스러운 관계를 맺는 데 어려움을 겪고(Glasser et al., 2002; stiles, 2004; Young et al., 2003) 대인관계의 문제를 지닌다(남지현, 2014; 정하나, 2015). 단절 및 거절의 도식이 높을수록 대인관계의 문제를 더 많이 겪는다(김난연, 양난미, 2012; 이은지, 서영석, 2014). 자신의 욕구는 희생하거나 사람의 소망이나 감정 반응에 지나치게 집착하게 된다.

그러나 희생함으로써 획득하고자 하는 자신이 원하는 방식에 맞추어 주는 사람이 없다는 현실을 받아들이지 못할 때 타인을 수동적으로 공격하고 억울함과 좌절감으로 여러 스트레스에 노출된다(장문희, 2018)고 보고하였다.

이와 같이 선행연구를 살펴본 결과 스트레스 기원과 관련하여 심리도식의 중요성을 고려하여 본 연구에서도 심리도식을 중요한 하나의 요소로 보고 분석을 하였다.

8. 선행연구 고찰

본 연구는 에니어그램 성격유형과 명상 프로그램이 스트레스에 미치는 효과성의 적용에 관한 연구를 다루고자 한다. 본 연구 주제와 관련성 있는 선행연구로 첫째, '에니어그램 성격유형에 적용한 명상상담,'

둘째, '에니어그램 성격유형에 따른 스트레스', 셋째, '명상상담 프로그램을 적용한 스트레스'와 관련하여 그 효과성 대한 연구로 나누어 살펴보고자 한다.

1) 에니어그램 성격유형과 명상상담에 관련된 연구

권주희(2022)는 에니어그램을 활용한 명상상담 프로그램 적용한 사례 연구이다. 에니어그램 성격유형을 5범주 12하위 개념으로 세분화하여 매회기 1회기 면접과 심리검사를 하였고, 2회는 대인관계 탐색, 3회기는 어린 시절 탐색으로 가계도 그리기와 몸 느낌 명상을 실시했다.

4회기는 자아개념으로 감정·생각·갈망이 무엇인지 탐색하고 명상으로 간화선 실시, 5회기 성격역동으로 감정형 명상상담을 하였고, 6회기는 영상관법으로 감정형·사고형·의지형을 실시했다.

7회에서는 가족 세우기, 8회기는 성장과 본질의 새로운 행동으로 주 1회부터 8회기 명상상담을 진행하여 에니어그램 연구 참여자의 현실적인 고통 문제가 어린 시절 심리 도식에 의해 어떻게 형성되었고, 그 영향과 원인이 현재까지 지속되는 과정을 탐색하였다. 이를 바탕으로 고통을 소멸시키고 본질과 성장을 향한 변화를 이루어 가는 과정을 명상상담 개입을 통해 효과를 확인하였다. 이러한 연구 결과는 상담이 실제로 연구 참여자들에게 의미 있는 변화를 가져왔음을 시사한다. 그러나 본 연구에서는 8회기 상담 이후, 에니어그램 성격유형의 5개 범주(대인관계, 어린 시절 경험, 자아개념, 역동, 본질과 성장)에서 내담자들의 변화를 보다 구체적이고 면밀하게 서술할 필요성이 있음을 확인하였다.

2) 에니어그램 성격유형과 스트레스에 관련된 연구

유성수(2011)의 에니어그램 성격유형과 직무스트레스, 직무만족, 조직몰입의 관계의 연구는 레크레이션 종사자 대상의 총 444명 대상으로 통계 프로그램을 적용한 연구이다.

에니어그램의 성격유형 9개 특성을 범주화하여 각 유형의 특성들을 정리하여 성격유형과 직무스트레스, 직무만족, 조직몰입의 관계성을 밝히고 있으며, 연령에 따른 직무스트레스는 통계상에 유의한 차이는 없는 것으로 보고하였고, 학력에 따른 직무 스트레스의 차이를 검증한 결과, 직무 스트레스의 하위 요인인 직무 요구(F(2, 441) = 5.006)와 관계 갈등(F(2, 441) = 4.042)에서 유의미한 차이가 나타났다. 또한, 에니어그램 성격유형이 직무 스트레스에 부분적으로 유의한 영향을 미치는 것으로 확인되었다.

성격유형별로 살펴보면, 성취자, 관찰자, 조력가, 예술가, 개선가형들이 스트레스가 높고, 예술가형들은 상대적으로 직무 스트레스가 낮은 것으로 보고했다. 특히 조력가, 지도자, 개선가형들의 직무 요구가 많았고, 대인관계 스트레스가 높은 것으로 밝히고 있다. 에니어그램 성격유형에 따라서 직무 스트레스에 대한 대인관계에 영향을 더 미치고 있음을 알 수 있었지만, 후속 연구로 이들의 직무 스트레스를 낮출 수 있는 방안도 제시해 주었으면 한다.

3) 명상상담과 스트레스에 관련된 연구

안미나(2017)는 마음 챙김 명상 프로그램을 병원에 근무하는 간호사들에게 적용하여 스트레스 소진·수면 및 행복감에 미치는 효과를 확인하였다. 이를 위해 최근 한 달 이내에 극심한 스트레스에 노출된 적이 없는 간호사 대상으로 연구목적을 이해하고 동의한 실험군과 대조군 각 15명씩 총 30명을 대상으로 자료 분석하였다. 연구 기간은 2017년 2월부터 3월까지 진행하였고 주 2회(50/1회) 실험군에게 마음 챙김 명상 프로그램을 주 2회 5주간 적용하였다. 그 결과 종합병원에 근무하는 간호사는 높은 수준의 직무 스트레스와 소진을 경험하고 있으며 간호사들에게 마음 챙김 명상 프로그램을 적용한 후 스트레스 소진이 유의하게 감소하는 효과가 있었음을 밝히고 있다. 따라서 마음 챙김 명상 프로그램은 종합병원에 근무하며 대인관계 및 직무관련 스트레스가 높은 간호사들의 스트레스 완화를 위한 중재 프로그램으로 적용할 수 있음은 의미가 크다고 할 수 있다.

신근식(2019)은 뇌 교육기반 명상을 활용한 스트레스 관리프로그램의 개발 및 효과에 관한 연구를 하였다. 연구 기간은 2018년 4월 30일부터 6월 27일까지 8주간 주 2회, 15차시에 걸쳐 프로그램을 적용하였고, 각 회차별 70분 수업을 기본으로 하고, 수련 전후로 개인별 점검 및 지도를 하였다. 이를 위해 스트레스 관리 프로그램은 세 개의 영역으로 구분하여 첫째, 스트레스 인지, 둘째, 스트레스 대처, 셋째, 스트레스 관리 프로그램을 개발하여 프로그램 효과성 분석하였다. 이를 위해 P시의 시청 직원을 대상으로 한 개입 결과 첫째, 스트레스 지각을 경감하는 데 통제집단에 비해 효과가 있는 것으로 나타났으며 둘째, 뇌 교육 기반 명상을 활용한 스트레스 관리 프로그램은 공무원의 스트레스 대처에 통계적으로 유의한 효과가 있는 것으로 나타났다. 셋째, 뇌 교육 기반 명상을 활용한 스트레스 관리 프로그램은 스트레스 반응에 통계적으로 유의한 효과가 있는 것으로 밝히면서 특히 우울·화·좌절·공격성·긴장·신체화·피로를 경감하는 데 효과가 있었다고 보고했다. 그러나 개인의 심리적 내면의 변화 과정을 보여 주지 못한 한계점을 가지고 있다.

이와 같이 선행연구들을 살펴본바 스트레스를 효과적으로 대처하기 위한 연구가 활발하게 이루어지고 있으며 이를 해결하기 위한 연구가 가속화되고 있는 현실에서 특히 대인관계 관련 스트레스의 대처 연구가 절실하게 필요하다. 본 연구는 에니어그램을 활용한 명상상담 프로그램을 적용한 단일사례 연구로, 스트레스를 겪고 있는 연구 참여자의 스트레스 극복의 한 사례로 그 의미가 크다고 볼 수 있다.

III. 연구방법

1. 단일사례 연구

본 연구는 에니어그램을 활용한 명상상담 경험에 관한 질적 사례 연구를 통하여 스트레스에 노출된 30대 여성이 어떠한 심리적 변화를 경험하는지 변화 과정을 심층적으로 분석해 보고자 하였다. Stake(1995)는 질적 사례 연구에 대하여 다음과 같이 설명한다. 질적 사례 연구는 단일사례의 독특성과 복잡성에 대한 연구이며, 중요한 상황들 속에서 사례가 전개되는 방식을 이해하고자 하는 것이다. 아울러 사례 연구의 본 목적은 특수화(particularization)이지, 일반화(generalization)가 아니라는 것을 분명히 하였다.

이는 특정 사례를 취하여 이 사례가 다른 것들과 어떻게 다른가를 찾는 것이 아니라, 이 사례는 무엇이고, 무엇을 의미하는가를 잘 알아야 되는 사례의 독특성에 대해서, 무엇보다도 사례 자체를 충분하게 이해할 것을 강조하였다(Stake, 1995).

단일사례의 장점은 실제로 상담 장면에 적용하기 쉽고 개인 내담자, 집단 체계에 관한 개입의 효과를 평가하는 도구를 제공한다는 것이다. 간단한 그래프를 사용함으로써 특정한 개입의 효과와 내담자 변화를 쉽게 설명할 수 있다. 그리고 처치 결과에 기초해서 개입의 문제점을 평가하고 개입의 변화를 평가할 수도 있다. 또 특정 내담자 평가, 처치 적용 그리고 처치 평가에 관한 의사결정에 사용할 수 있다. 그러므로 특정 내담자와 상담할 때 내담자의 구체적인 문제와 개입에 관한 자료를 수집하고, 경험적으로 뒷받침하게 된 개입 모형을 개발할 수 있다(Carryj, Sheperis, J. M., 2020). 단일사례의 정당성을 살펴보면 다음과 같다.

첫째, 상황이 이미 알려진 이론을 검증하는 데 '매우 중요한 사례'가 있는 경우다.

둘째, 해당 사례가 매우 '독특하거나 극단적인 상황'이어서 이론상으로나 일상에서 관찰할 수 없는 경우이다.

셋째, 하나의 사례가 매우 평범하고 일반적이어서 대다수의 사례를 대표하거나 매우 전형적인 특징을 가진 경우이다.

넷째는 이 사례가 기존에 몰랐던 것을 알게 해 주는 사례일 때이다(Robert, Yin, 2021).

에니어그램 명상상담 전략은 이미 검증이 된 프로그램이며. 독특한 연구 참여자의 극단적 스트레스 현상은 이론상에서 쉽게 관찰될 수 없는 상황이다. 그리고 매우 평범하면서도 일반적인 사례이지만 대인관계 스트레스의 전형적인 양상을 보여 주는 사례이다.

그동안 에니어그램 명상상담 전략으로 스트레스 처치에 적용 사례 연구 보고가 미진하다. 이상 4가지 모두 단일사례의 정당성에 적합한 경우이다.

2. 연구자

본 연구자는 2024년 2월에서 2024년 5월까지 이뤄진, 주 1회 60분(총 8회기)의 상담내용을 연구 대상으로 하였다. 연구자는 학부에서 상담 심리학을 전공했으며, 2008~2021년 연우심리연구소 청소년 학습 심리와 진로, 학부모 상담이력이 있다. 조계종 포교원 청소년 인성프로그램 '아~하 청소년명상챔프' 주강사로 2015~2022년 활동 이력이 있으며, 2016년 에니어그램 마스터 자격을 취득하여 2017~2019년 국제 불교 박람회에서 검사 및 상담을 담당하였다. 현재 에니어그램 자격과정 강사, 대학원 부설 미래교육원에서 에니어그램 강좌 개설 강의를 하고 있다. 현재 대한불교 조계종 상담개발원에서 수용전념치료(ACT) 강사, 대학교 심리상담센터 상담사로 활동하고 있다. 대학원에서는 가족 세우기, 사이코드라마. 명상상담 실습, 사례 연구방법, 행동 치료, 인지행동치료, 이상심리학 등 다수의 관련 과목을 이수하였다. 상담심리 지도사 1급, 명상심리상담사 슈퍼바이저 과정을 마쳤고, 숲 명상 전문가 자격을 소지하고 있다. 두 편의 단일사례 연구논문을 게재하였다. 본 연구를 위하여 지도교수 점검 조언을 받아 진행하며 분석과 해석에 반영하였다.

3. 연구 참여자

연구 참여자는 30대의 여성으로 상담 신청 1개월 전부터 긴장·불안으로 직장 내의 대인관계 스트레스로 인해 어려움을 호소하며 자발적으로 상담을 신청한 경우이다.

1) 연구 참여자 기본 인적 사항

연구 참여자는 30대 여성으로 미혼이며 독립해서 혼자 생활하고 있다. 직업은 언어 재활치료사이며 학력은 심리학·산림자원, 언어재활학과 등 3개 대학에서 전공은 3개 학과를 전공했고, 복수 전공은 국어국문이다.

2) 주 호소 문제

연구 참여자에게는 스트레스의 여러 증상이 혼합되어 나타나고 있다. 특히 사회적으로 여러 사람들 사이에 있으면 안절부절못하고 마치 비상벨이 들릴 때처럼 불안·긴장·좌절·피로 등을 과도하게 경험하면서 자신감은 낮아지고, 자신이 사라지고 싶을 만큼 힘들다. 특히 직장에서 동료들 사이에서 그런 불편함을 더 느끼는 것이다.

3) 가족관계

(1) 아버지(65)

할아버지가 아들이 없어서 둘째 부인을 들였고, 그렇게 얻은 첫아들이 연구 참여자의 아버지다. 아버지는 어머님이 두 분이라는 것을 부끄럽게 여겼고, 할아버지와 아버지의 사이가 정서적으로 맞지 않아서 5분 이상 마주 보며 대화한 적이 없다고 말한다.

(2) 어머니(58)

3남 6녀 중 막내딸로 태어나 부모님들이 연세가 많아서 큰언니 집에서 눈칫밥 먹고 자랐다. 눈치를 보고 자라서 각성도가 높고 눈치가 빠르다.

(3) 두 동생

동생들과는 사이는 좋은 편이다.

아버지도 고집이 있고 어머니도 강단이 있어 어린 시절부터 부부싸움을 엄청 많이 해서 연구 참여자는 초등학교 2학년까지 엄마, 아빠가 이혼하면 나는 누구 따라가서 살지 심각하게 고민을 했다고 한다.

아버지는 원가족이 화목하지 못한 환경에 대한 콤플렉스가 있다. 외가·친가 친척들 모두 긍정적인 사람들이 별로 없었다. 아이들에게 "예쁘다, 예쁘다" 말해 주는 어른이 양가 포함 누구도 없었다. 외가, 친가모두 싫었다. 어른이 다 싫었다. 정서적인 결핍의 대물림이다.

친가 할아버지가 술 드시고 노름하고 가정 폭력을 하셨는데, 그것을막내 삼촌도 술 먹고 폭력을 저지른 적이 있어서 이혼하고 현재는 재혼한 상태이다. 이런 과정을 살펴본 내담자는 그래도 아버지는 그런 정서적인 고리를 끊었다는 것을 고맙게 생각한다고, 백 점짜리는 아니지만 술 좋아하고 욱하는 성질도 있지만 자식들에게 손을 대지 않았으니 그 점만으로도 감사한다고 진술하고 있다.

아버지는 회사에서 3교대 근무로 거의 아버지의 역할이 없었고, 어머니는 아동 재활센터에서 보조 업무를 담당하고 계신다.

가족 가계도로 부모님과 여동생(35세), 남동생(31세)으로 1남 2녀 중 내담자는 첫째다. 연구 참여자의 현재 가족관계를 살펴보기 위하여 McGoldrick, Gerson&petry(2011) 기준으로 가계도를 그렸다.

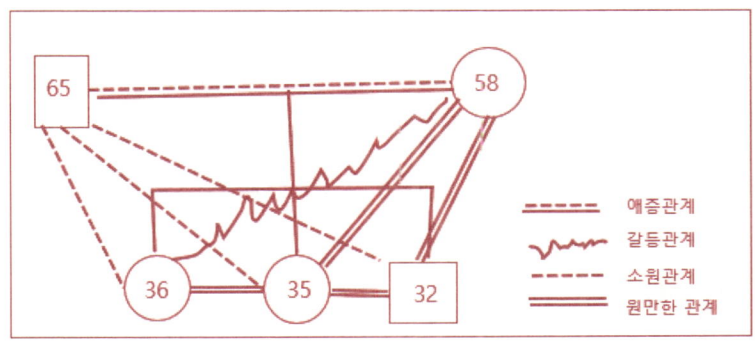

[그림 2] 23년 1차 상담 사전 가계도

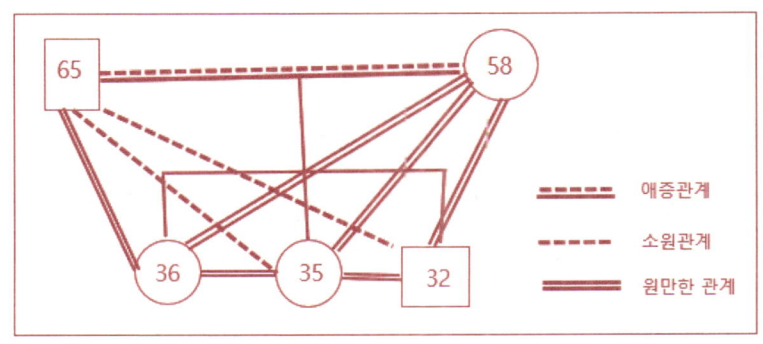

[그림 3] 23년 1차 상담 사후 가계도

4) 성장 배경 및 발달사

(1) 연구 참여자의 과거력

연구 참여자는 종교기관에 2016년 2월 입소하여 2021년 2월 5년간 지내다가 그 종교기관의 권유로 퇴소하였다. 그 일로 인하여 여러 스트레스(불안·분노·외로움·슬픔·두려움·좌절) 상황으로 일상생활에 어려움을 호소하고 있었다. 상담은 종교기관에서 5년 동안 거의 매일 받았고, 그 종교기관을 나와서 ○○상담센터에서 10회기 받았던 경험이 있다. 그러나 효과는 미미한 것으로 진술하였다.

본 상담의 연구 참여자는 첫 상담은 23년 1월~4월, 주 1회, 60분, 총 8회기 상담 1차 진행한 경험이 있다. 1차 상담의 주 호소 문제는 가족과의 불편함이었다. 특히 엄마와 관계 개선이 시급한 문제였다. 1차 상담을 통하여 주 호소 문제인 가족 문제, 즉 엄마와의 관계가 효과적으로 개선되었다.

(2) 연구 참여자의 성장 배경 및 발달사

연구 참여자의 성장 배경과 발달사를 이해하기 위하여 에릭슨의 발달이론에 근거하여 주요 발달사적 중심으로 심리 사회적 발달 측면에서 살펴보았다(이영순, 2016). 에릭슨은 리비도[1]의 표출 방식 자체를 성격발달의 주요 지표로 간주한 프로이트와 아동의 연령에 따라 리비

---

[1] Freud의 이론으로 성적인 에너지를 리비도라고 한다. 발달 각 단계에서 리비도가 추구하는 욕구에 따라 심리성적 발달단계를 구분하였다.

도의 표출 방식이 달라진다는 점은 같은 입장이지만, 변화하는 욕구를 충족시키고자 환경과 접촉하는 과정에 아동의 자아양식이 경험하는 위기(crisis)와 극복 과정을 성격발달의 주요인으로 생각하는 것이다. 에릭슨은 사회적 관계 속에서 인간의 전 생애를 통해 계속 발달이 이루어진다고 보았다. 본 연구 참여자의 생애 발달사에서 에릭슨의 발달 8단계를[2] 참고하였다(송명자, 1995).

① 1단계 '신뢰감 대 불신감(sense of trust vs. distrust)'

0~1세 시기에 부모부터 적절한 보살핌을 받아야 기본적인 욕구가 충족되고 자신과 주변에 대하여 신뢰감을 갖지간, 욕구 좌절로 인하여 부정적인 경험을 많이 한 유아는 근원적인 불신을 갖게 돼 다음 발달단계에도 영향을 미치게 된다.

이 시기는 에릭슨이 가장 중요한 발달단계르 강조한 바 있다. 생애 초기에 주 양육자로부터 얻게 되는 기본이 되는 신뢰감이 삶의 후기까지 갖게 되는 사회적 관계 형성에 영향력이 지대하게 미치는 요인이 된다.

② 2단계 '자율성 대 수치와 혐오(sense of autonomy vs. shame and doubt)'

2세~3세 이 시기는 유아가 자유롭게 자신감을 얻을 수 있도록 적절한 통제 능력을 발달할 수 있는 지지적인 공감을 하는 것이 이상적이다. 그러나 과도한 통제로 위기 극복에 실패할 때 통제 능력을 상실하여 자율성을 확보하지 못하면 수치심이 발달할 수 있다. 이러한 자율성 대

---

2) 에릭슨의 성격발달 8단계 ① 신뢰성 대 불신감, ② 자율성대 수치감, ③ 주도성 대 죄의식, ④ 근면성 대 열등감, ⑤ 정체성 대 정체성 혼미, ⑥ 친밀성 다 고립감, ⑦ 생산성 대 침 체감, ⑧ 자아통합 대 절망.

죄의식 간 위기의 극복은 평생 지속되는 자기 통제력의 기초가 된다.

이 시기의 처음으로 자기통제가 가능한 시기로 양육자로부터 과도한 규제로 위기 극복에 실패해 통제 능력을 상실하므로 연구 참여자 스스로 수치와 회의에 빠져 공감과 지지를 얻지 못하고 힘 있는 어른들은 '나만 미워해', '나는 바보야', '나는 필요 없어', '나는 이상한 아이', '버거운 아이'라는 핵심신념을 형성하는 계기가 된 것으로 보인다.

③ 3단계 '주도성 대 죄책감(sense of initiative vs. guilt)'

4세~6세의 아동이 이에 속한다. 이 시기의 주도성 대 죄책감이라고 하는 심리 사회적 위기는 지적 호기심과 정서적 발달 간의 밀접한 관계를 부각한다. 또한 이 시기에 처음으로 싹트는 자기 주도적 활동이 비교적 성공하게 되면 주도성을 확립하지만, 실패의 경험이 많을 경우 유아의 주도성은 위축되고 자기주장에 대하여 죄의식을 갖게 된다(송명자, 1995).

이 시기의 지적 호기심과 정서적 발달의 상호작용으로 주도성을 확립하는데, 어른들로부터 주도성을 확보하지 못하여 역기능적인 행동 패턴을 만들어 냈고, 즉 자기 주도성을 확립이 어려웠던 자기주장을 할 수 없는 취약성의 원인으로 작용한 것으로 보았다.

④ 4단계 '근면성 대 열등감(industry vs. inferiority)'

6세~11세 이 시기에는 아동들은 학교에서 갖는 학습활동 때문에 기초적인 인지 기능과 사회적 기능을 습득하게 되며 동시에 또래들과 어울려 또래 문화를 배우고 적응하는 사회적 훈련을 하게 된다. 이러한 순조로운 학습과 적응은 근면성과 성취감을 느끼지 못하면 부적응이나 열등감에 빠져들게 된다(송명자, 1995).

이 시기에 성실성과 근면성을 발달시키지 못하고 성취감을 느끼지 못해 열등감에 빠진 것이다. 이때 부모는 적절하게 재능을 발견하여 격려와 지지가 중요하지만 연구 참여자는 주 양육자의 무관심으로 열등감에 빠진 것으로 보았다.

⑤ 5단계 '정체성 대 정체성 혼미(identity vs. identity diffusion)'

12세~20세에 걸쳐 나타난다. 이 시기에는 단순한 성장만이 아닌 생식기관의 성숙과 2차 성징의 출현, 그리고 새로운 경험들이 있게 된다. 이와 같은 변화는 자신에게 성인으로서의 이미지를 갖게 해 주며, 또한 성 역할에 대한 의식을 갖게 해 준다(송명자, 1995).

청소년기의 자아정체감 확립이 중요한 발달단계에 '왕따'라는 심리적 위기를 경험하면서 이전의 발달단계에서 교업을 이루지 못한 결과로 연구 참여자는 또래들과 잘 어울려 놀지 못하는 미숙함이 대인관계의 미흡과 갈등 대처능력이 떨어지는 어려움을 겪고 있는 것으로 보았다.

⑥ 6단계 '친밀성 대 고립감(intimacy vs. isolation)'

20세~30세의 이 단계는 청년기에 자아정체성을 확립하고 성인기에 들어서면서 타인과 상호 관계에 관심을 가질 수 있다. 에릭슨에 의하면 친밀성은 타인의 한계와 단점을 인정하고 수용하며 상호 간의 차이점과 갈등을 극복하는 과정을 통해서 획득한다. 이렇게 친밀성이 획득되면 삶의 여러 측면에서 상호 조정하고 조화를 이루는 것이 가능하다고 말한다.

이 시기에 자아정체성을 확립하지 못하여 자의식에서 벗어나지 못한 사람은 타인에게 관심과 배려를 보일 수 없게 된다. 이러한 경향의 사람은 관계를 단절하고 고립감에 매몰되게 된다.

⑦ 7단계 '생산성 대 침체감(generativity vs. stagnation)'

30세~현재. 흔히 인생의 중년기로 볼 수 있는 시기이다. 자기 자신의 사상과 신념체계 및 가치를 자신의 생활뿐 아니라 다른 이의 생활에 대해서도 영향을 미치는 시기가 된 것이다.

연구 참여자의 발달단계를 살펴보면 어린 시절과 청소년 시기와 청년기를 거쳐 오면서 지나치게 많은 좌절을 경험함으로써 자아정체성과 생산성 확립에 실패하여 타인과의 관계 속에서 친밀감을 형성하기 어려울 뿐만 아니라 중년기의 침체감에 빠져든 것으로 보았다. 침체감은 자신의 필요성과 요구에서 헤어나지 못하여 사회 전반의 요구에 응할 수 있는 여유를 찾지 못하는 특성으로 나타났다.

4. 에니어그램 명상상담 절차와 적용전략

에니어그램의 명상상담은 인경이 2005년 개발한 불교 명상법과 현대 심리학의 치료 방법인 제프리 E. 영이 2005년 개발한 심리도식과 아론 벡이 창시한 인지 행동 치료법을 활용하여 에니어그램은 실제적인 사례, 삶의 과제를 중심으로 접근하여 내적인 통찰을 통해 마음의 안정과 평화를 얻고 현실의 미해결된 문제를 해결하고 치유한다는 목표를 가지고 있다. 상담 회기는 주 1회 60분, 총 8회기 상담으로 진행한다.

　이런 분류체계가 기대되는 효과는 앞으로 에니어그램을 활용한 심리
상담의 현장에서 상담절차를 결정하거나, 연구 참여자의 진단 및 평가
에 긍정적으로 작용하는 것이다.

1) 에니어그램 명상상담 전략

　본 상담프로그램은 명상과 에니어그램을 활용하여 상담하려는 이들
을 위한 지침이다. 이것은 반 구조화된 8회기 상담 프로그램이기 때문
에, 일반적인 지침을 말하는 것으로 상담자의 상황에 따라서 적절하게
유연하게 운영할 수도 있다.

〈표 3〉 에니어그램 명상상담 절차

단계	회기	내용
1단계	1회기	면접 및 성격 검사 및 대인관계 (감정형)
	2회기	어린 시절(1) (감정, 사고, 의지형)
2단계	3회기	학령기 시절 (감정, 사고, 의지형)
	4회기	도식의 기원 (감정, 사고, 의지형)
	5회기	자아개념 (감정, 사고, 의지형)
3단계	6회기	역동 (감정, 사고, 의지형)
	7회기	본질과 성장 (감정, 사고, 의지형)
4단계	8회기	새로운 행동 (의지형)

　에니어그램 명상상담 전략에서는 특히 명상 부분을 더 강조를 한다
는 점이다. 각 개인의 특징과 성격유형에 나타난 집착과 그 특징에 따

라 명상법을 개발하여 활용할 수 있도록 하였다. 각 유형에 맞추어 감정형·사고형·의지형에 적절한 명상법을 선택할 수 있다. 염지관, 영상관법, 연기관법 등의 연구 참여자에게 잘 어울리는 명상법을 적용한다.

먼저 연구 참여자의 성격유형을 탐색 후 영상관법은 감정·생각·갈망을 관찰하는 명상법으로 영상관법은 연구 참여자의 마음속에 미해결된 문제와 관련된 특별한 영상을 의식적으로 떠올려서 그것을 있는 그대로 관찰하여 마음현상을 알아차리고 머물러서 지켜보는 것이다. 그리하여 문제가 되었던 마음 현상들이 본래 존재하지 않은 허상임을 깨닫게 하는 것이다. 즉 감정형에서 연구 참여자의 상처와 고통을 사례 속에서 핵심적인 한 장면을 선택하여 그 감정에 이름을 붙이고, 척도, 모양, 색깔 등의 관찰한다. 사고형은 그 감정이 어떤 생각을 하면 올라오는지 지켜보는 것이며, 의지형은 좌절된 욕구가 무엇인지 탐색하여 머물러서 지켜보는 과정에서 본래 '나'라고 믿었던 마음 현상이 실재하지 않는다는 것을 알아차리게 하여 고통에서 벗어나는 경험을 하게 한다.

이 점을 알기 위해서는 그 연구 참여자의 성장과 본질의 항목을 잘 이용할 필요가 있다. 성장은 바로 연구 참자의 새로운 행동을 돕는 방향을 제공하게 된다(인경, 2016).

2) 자료 수집과 분석

본 연구에서는 다음과 같이 자료를 수집하였다.

첫째, 연구 참여자의 면담에서 기본적으로 얼굴 표정, 비언어적인 행동들을 관찰하여 현장 노트에 기록하고, 표정 관찰, 상담계획서, 회기별 상담 녹음파일을 수집했다. 회기 진행 시 연구자와 연구 참여자가 진행한 상담 내용을 1~8회기 모두 녹음하고, 명상일지, 인터뷰 축어록, 검사지, 명상 전후 변화 과정 그림, 마음 관리 일기, 행동 관리 수칙을 수집하였다. 〈표 4〉와 같다.

〈표 4〉 자료 수집 내용

자료원	분링	자료 분석
상담 축어록	287쪽	회기별 사례 분석
검사지	28쪽	사전, 사후 분석
과제: 변화 과정 그림, 명상일지, 마음관리수칙 일지	75쪽	5범주별 분석 1. 대인관계 2. 어린 시절 3. 자아개념 4. 역동 5. 본질과 성장

둘째, 다음 자료 분석은 위에서 수집된 자료는 모두 PC에 저장하고 회기별 녹음 파일은 축어록을 정리하여 여러 번 반복해서 읽으면서 핵심적인 내용을 중심으로 연구 문제에 맞는 주제와 연결하여 정리하였고, 1차 코딩은 회기별 여러 반복해서 읽으면서 사례를 중심으로 정리하고, 2차 코딩은 연구목적에 맞는 에니어그램 성격유형의 5범주를 단락별 범주화하였으며, 3차 코딩은 회기별 1차, 2차 코딩을 모아 큰 범주로 정리하여 성격적인 요인과 스트레스와 성격유형과 연결하여 사례의 일관성과 의미를 특성별로 정리하여 의미를 다음같이 해석하였다.

셋째, 에니어그램 5범주별 개념에 따른 축어록을 바탕으로 범주별 순으로 '의미 있는 문장'과 '핵심 단어'와 그에 따른 '주 행동'은 어떻게 하는지 또한 '주 호소' 문제 등 자료 분석은 다음 〈표 5〉와 같다.

〈표 5〉 5범주 해석 과정의 범주별 의미

	의미 있는 문장	핵심단어	행동	주제
1. 대인관계	비상벨이 울린 것처럼 혼란스러운 상황이다. 스트레스라는 파도가 나를 덮쳐 휩쓸려 조난당한 느낌이다. (1차 축어록 발췌)	긴장, 부담감, 바보, 좌절, 불안, 꼬질꼬질, 체념	주 호소 파악, 얼어붙음, 안절부절못함, 눈만 또르르 굴림	스트레스로 인한 불편함
2. 어린 시절	1학년, 체해서 학교에서 조퇴, 4학년, 나머지 공부, 5학년, 왕따, 6학년, 넌 할 수 없어(유년, 학령기 불편한 상황).(2~4차 어린 시절 발췌)	무서움, 서러움, 외로움, 슬픔, 비참함, 수치에 가까운 부끄러움, 왕따, 질투보다 체념, 족쇄	숨어 다님	왕따, 배제 당함
3. 자아 개념	나는 고지식한 겁쟁이다, 겁이 많아서, 원리원칙을 지켜야 돼서, 나는 누구인가, 원하는 것을 얻기 위해서는 힘을 있어야 한다.(5~6차 발췌)	노력, 넌 안 돼, 보잘것없다, 네가 해 봤자, 체념은 포기와 동의어다.	쓰레기통에 버린다, 에잇, 던짐, 손을 탁탁 털고	독특한 개성, 유난
4. 역동	바퀴는 계속 헛돈다, 우왕좌왕, 멈출 수가 없다, 바보 같아 보인다, 고단했겠다, 좀 쉬었다가 가, 조난당했다. 해변에 너덜너덜한 상태다.(6~7차 발췌)	펑크 난 타이어, 한심함, 허겁지겁, 천천히, 짠함, 불쌍, 애썼다 스트레스가 극한 상황에 달한 심각성을 인지함	계속 돌고 있다.	힘들어, 멈춤
5. 성장과 본질	요청할 수 없는 것이 가장 큰 약점이다. 주장하기, 대인관계 해소가 될 것 같다. 주장 잘하는 사람 관찰하기.(8차 발췌)	요청 계획서. 첫째, 인사하기, 엄마, 형제 둘째, 직장에서 '사무용품' 셋째, 종교기관에서 요청	"엄마! 생선을 먹고 싶어요. 오늘은 갈치 먹어요", 동생들에게 "핸드폰 거치대 해 줘?"	할 수 있네

넷째, 스트레스 주 증상은 감정, 인지, 신체적, 행동적 증상으로 분석

에니어그램 명상상담 전략

2차 범주과정은 다음 〈표 6〉과 같다.

〈표 6〉 스트레스 요인 범주화 해석 과정

하위개념	하위범주	중간범주
긴장, 불안, 버거움, 좌절, 꼬질꼬질, 체념, 슬픔, 무서움, 수치, 비참함, 서러움, 짠함, 외로움, 고립, 포기, 막막함, 지침, 압박감, 지침	정서적 증상 19개	스트레스 증상
넌 안 돼, 네가 뭘 하겠어, 한심하다, 나는 바보다, 보잘것없다, 고지식한 겁쟁이다, 생각이 많다, 네가 그러면 그렇지, 네가 해 봤자 그렇지, 별로야, 족쇄	인지적 증상	
두통, 위장장애, 손 떨림, 어깨 결림, 가슴 두근거림, 지쳐서 널브러져 있음, 온몸이 서늘함, 피부 가려움	신체적 증상	
얼어붙음, 안절부절못함, 숨어 들어감, 끊임없이 뭔가 찾아 일을 함	행동적 증상	

다섯째, 스트레스 증상을 범주를 합산하고 직접 해석하여 스트레스 증상과 발달기원을 3차 코딩으로 분류하였다.

① 대인관계에서는 사회성·교류관계·애착 관계
② 어린 시절
③ 자아개념, 신념/생각·욕구/갈망·감정/느낌
④ 역동 영역에서는 대응행동·위기·모순
⑤ 성장·본질로 나누어 5개 범주로 분석 제시하였다.

여섯째, 스트레스 증상을 범주를 합산하고 직접 해석하여 스트레스 증상과 발달 기원을 3차 코딩으로 〈표 7〉과 같이 분류하였다.

하위범주	중간범주	유형
• 원가족의 정서 결핍 • 부모님의 잦은 불화 • 집안의 내력	긴장, 불안	스트레스의 원인
• 심리적인 발달기원(정서적 박탈, 사회적 고립, 복종) • 성격적 기질 • 부정적인 핵심신념 • 부모의 양육태도	발달사적 취약성	
• 소외에 대한 예민함 • 뭔가 해야 한다는 강박 • 집중을 못 하고 있는 불편한 마음 • 직장 동료들과 사이에서 이질감	대인관계 문제	스트레스 증상

5. 측정도구

1) 에니어그램 성격유형 검사지

한국형 에니어그램 성격유형검사(KEPTI, Korean Enneagram Personality Type Indicator, 윤운성, 2001)로 3가지 힘의 중심과 9가지의 성격유형으로 나누어지며 이 검사는 Chronbach's α .90, 재검사신뢰도=.89, Riso(1996)와 공인타당도 ·82로 유형별 81문항으로 양호도가 높은 검사도구로 인정되었다.

본 연구의 에니어그램 성격유형 검사는 인경이 2005년 개발한 불교 명상법과 현대 서구심리 치료기법을 통합하여 개발한 검사지 108문항

에니어그램 명상상담 전략

과 응답지로 구성되어 있다. 감정형·사고형·의지형의 3가지 힘의 중심과 9가지 성격유형으로 하위개념으로는 대인관계, 어린 시절, 자아개념, 역동, 본질과 성장으로 5범주 12하위 개념으로 구성되었다.

2) 스트레스 검사

고경봉, 박종규, 김찬형(2000)이 개발한, 심리적 증상을 측정하는 도구로 감정, 신체, 행동적 스트레스를 측정하기 위해 총 39문항으로 구성되어 있으며, 하위 척도로는 긴장·공격성, 신체화, 분노, 우울, 피로, 좌절 등 7개의 영역이 포함된다. 각 군항은 1점~5점으로 배점되며, 점수가 낮을수록 스트레스에 덜 노출된 것으로 해석된다. 개발 당시 도구의 신뢰도는 Chronbach's α=.97이었다.

〈표 8〉 스트레스 반응 하위척도

하위 요인	문항 수	문항번호
긴장	6	2, 16, 17, 30, 37
공격성	4	18, 28, 29, 33
신체화	3	6, 7, 10
분노	6	4, 24, 25, 27, 34
우울	8	5, 15, 19, 22, 23, 35, 38, 39
피로	5	1, 12, 13, 14, 36
좌절	7	3, 8, 9, 11, 20, 21, 32
전체	39	

3) 심리도식 검사

'심리도식'은 제프리 E. 영과 브라운(1990)에 의해서 개발된 '영(Young)의 90문항(15개 심리도식)'을 기본으로 이미열(2006)이 번안한 질문지를 사용하였다. 빠진 도식(처벌, 부정성/비관주의, 승인 추구)을 첨가하여 18개 심리도식으로 유기/ 불안정, 불신/ 학대, 정서적 결핍, 결합/ 수치심, 사회적 고립/ 소외, 의존/ 무능, 위험/ 질병에 대한 취약성, 융합/ 미발달된 자기, 실패, 특권의식/ 과대성, 부족한 자기 통제/ 자기훈련, 부정성/ 비관주의, 처벌, 복종, 자기희생, 승인추구/ 안정추구, 정서적 억제, 엄격한 기준/ 과잉비판 등을 재구성하였다. 문항별 점수는 1~5점으로 높을수록 초기 부적응 도식 척도가 높은 것으로 해석한다. 본 연구에서 신뢰도 Chronbach's α=.98이었다.

〈표 9〉 초기부적응도식(YSQ)의 문항 구성 및 신뢰도

	하위요인	문항번호	문항수	chrobach's α
단결 및 거절	• 정서적 결핍	1, 2, 3, 4, 5	5	.92
	• 유기/불안정	6, 7, 8, 9, 10	5	.92
	• 불신/학대	11, 12, 13, 14, 15	5	.90
	• 사회적 고립/ 소외	16, 17, 18, 19, 20	5	.94
	• 결함/ 수치심	21, 22, 23 ,24, 25	5	.95
손상된 자율성	• 실패	26, 27, 28, 29, 30	5	.94
	• 의존/무능감	31, 32, 33, 34, 35	5	.89
	• 위험/질병 취약성	36, 37, 38, 39, 40	5	.85
	• 융합/미발달된 자기	41, 42, 43, 44, 45	5	.91
타인 중심성	• 복종	46, 47, 48, 49, 50	5	.91
	• 자기희생	51, 52, 53, 54, 55	5	.83
	• 승인/추구	76, 77, 78, 79, 80	5	.84

에니어그램 명상상담 전략

과잉 경계/ 과잉 비판	• 정서적 억제	56, 57, 58, 59, 60	5	.89
	• 엄격한 기준/과잉비판	61, 62, 63, 64, 65	5	.86
	• 부정성/비관주의	81, 82, 83, 84, 85	5	.90
	• 처벌	86, 87, 88, 89, 90	5	.87
손상된 한계	• 특권의식/웅대성	66, 67, 68, 69, 70	5	.83
	• 부족한 자기통제/훈련	71, 72, 73, 74, 75	5	.89
전체			90	.98

6. 타당성 확보 및 윤리적 고려

본 연구에서는 연구 과정의 타당성과 신뢰성을 얻기 위해 다음과 같은 방법으로 기술하고자 한다.

첫째, 관련 연구의 주제에 맞는 사례 연구의 타당성과 신뢰성을 충족하기 위하여 연구목적에 맞는 다양한 자료원인 축어록, 진술, 현장 노트 등 회기별 스트레스 요인을 분류하여 타당성에 맞는 연구 참여자의 진술을 듣고 확실한 증거를 확보하였다.

또한 신뢰성을 보여 주기 위해서는 사전, 사후검사를 통한 자료해석에 대한 상세한 묘사와 해석의 과정을 드러냈고, 표와 그림의 활용으로 전체 내용의 흐름을 구조적으로 탐색하여 알기 쉽게 표현하고자 하였다.

둘째, 윤리적 고려는 본 연구는 D 대학원대학교 기관 생명윤리위원회(IRB)에서 연구목적·방법, 연구 참여자의 권리보장에 대한 심의를 거쳐 연구(승인번호 8223-202309-HR-014-01)를 수행하였다. 연구 참여자에게 연구목적, 필요성, 방법 등을 설명하고, 연구 참여자의 서면 연구 동의서를 받았다. 모든 자료는 연구목적 이외에 사용하지 않을 것을 고지하였고 또 연구 참여자가 원치 않을 경우 언제든지 철회할 수 있음을 설명하였다.

Ⅳ. 연구결과

1. 에니어그램 명상상담의 회기별 진행 과정

상담 진행 절차는 매 회기 주 호소 문제에 대한 사례별 4단계로 첫 번째, 사례를 듣고 '공감과 지지' 단계, 두 번째, '사례 개념화' 단계, 세 번째, '체험적' 단계, 네 번째, '행동적' 단계로 진행하였다. 이에 명상상담 전략은 주로 '호흡'과 함께 '알아차리고' '머물러서' 지켜봄으로써 연구 참여자가 스스로 통찰하는 과정으로 회기별 유연하게 진행하였다. 진행 과정 중 특징은 연구 참여자의 어린 시절의 미해결 과제 사례가 비중이 높아 어린 시절의 초기부적응도식 탐색으로 첫째, 유아기 경험, 둘째, 학령기 경험, 셋째, 심리 도식의 형성 기원 순으로 유연성 있게 어린 시절 부분은 3회기로 나눠 진행하였다. 진행 내용은 다음 〈표 10〉과 같다.

〈표 10〉 상담 회기별 진행 과정

회기	상담주제	진행 과정
1	면접, 성격, 심리검사, 대인관계	• 연구 참여자의 스트레스가 무엇인지 탐색 성격 및 심리검사를 진행한다. 1. 연구 참여자의 상담경위 및 주 호소 문제 탐색 2. 에니어그램, 스트레스 검사 해석 3. 대인관계 명상상담 개입(감정형)

2	어린 시절의 경험	• 대인관계 중심으로 어린 시절 어떤 경험이 현재까지 영향을 미치는지 관련하여 탐색한다. 1. 2~3세 경험에 대한 명상개입(감정형, 의지형) 2. 4~5세 경험에 대한 명상개입(감정형, 의지형)
3	학령기 경험	• 연구 참여자의 학령기 경험을 나누고 좌절된 경험에서 주 호소 문제를 탐색하여 명상상담 개입으로 진행한다. 1. 초등 1~3학년(감정형, 사고형, 의지형) 2. 초등 4~6학년(감정형, 사고형, 의지형) 3. 중·고등·대학(감정형, 사고형, 의지형)
4	초기 부적응 도식 기원	• 어린 시절의 부적응적인 경험은 어떤 도식이 형성되었는지 탐색한다. 1. 가혹한 기준 2. 사회적 고립 3. 복종, 희생 명상상담 개입, 감정형, 사고형, 의지형
5	자아 개념	• 무엇을 나라고 할 수 있나? • 감정·생각·욕구를 무엇에 집착하고 있는지, 집착 대상을 탐색한다. 1. 집착된 사례 감정·생각·욕구를 명상 감정형·사고형·의지형으로 개입하여 진행 2. 무엇이 문제인지? 3. 어떻게 할 것인지?
6	역동 (스트레스)	• 스트레스 상황에 대처 행동을 어떻게 하는지? 1. 위기 상황은 어떠한가? 2. 모순은 어느 유형의 특징으로 왔다 갔다 하는지를 탐색한다. 3. 명상 상담 개입은 감정형·사고형·의지형 진행한다.
7	본질과 성장	• 성격유형 분석을 통하여 나의 본질이 무엇이며, 어떻게 성장 방향으로 나아갈 것인지 탐색한다. 1. 응답지를 중심으로 연구 참여자의 성장을 돕기 위하여 방향을 제시한다. 2. 명상상담의 개입은 의지형으로 그동안 하지 못했던 행동이나 표현을 할 수 있도록 한다.
8	새로운 행동과 실천하기	• 새로운 행동계획과 실천 사항 과제 점검으로 진행하였다. 1. 상담 회기를 진행해 오면서 무엇이 문제였는지에 따라서 과제를 제시하였던 것을 중심으로 점검 2. 앞으로 어떻게 할 것인가에 대한 마음 수칙 관리에 관련 점검 3. 성장을 위하여 반드시 해야 할 독록 작성 실천 사항 체크

1) 제1회기: 파도에 휩쓸려 조난당함

① 대인관계에서 긴장을 많이 하고 자신감이 없고 스트레스가 많다는 것을 인지하고 있다. 아침에 출근할 때 운전 무서운 것, 직장 내 어색한 것 등이 한 세트가 되어 매일매일 나를 힘들게 한다.

② 직장 내의 스트레스는 내가 무엇을 해야 할지 모르는 것 때문에 가장 큰 불편함이다. 안절부절못하거나 눈만 또르르 굴리면서 내가 지금 이게 무슨 상황이지, 내가 지금 뭘 해야 되지, 이런 문제들을 판단하고 있으면서 뭔가 해야 될 것만 같은 강박에 가만히 있지 못하고 우왕좌왕하는 상황에 놓여 있다. 그냥 방 안에서 아이들에게 줄 파일을 보거나 제 나름대로 수업 준비를 하는데 거기에 푹 빠져서 하는 것보다는 진짜 뭔가 삐용삐용 비상벨이 울려서 귀는 바깥에 열려 있고 내 눈앞에 집중을 온전히 못 하고 있는 그런 마음들이 굉장히 혼란스러운 상황이다.

연구 참여자는 긴장의 강도가 90% 정도로 매우 높다고 말했다. 그러나 억압된 감정에 직면하면서 스트레스는 점점 작아지고 자신이 스트레스의 원인을 통찰하면서 근본적으로 긴장을 바라보는 눈은 외면이었다는 것을 알게 되면서 스트레스 관리하는 방법과 함께 마음의 안정을 가져오게 되었다.

긴장이요. 긴장이 정말 큰 파도고 그 뒤를 따르는 것은 진짜 바보 같아요. 그다음은 구질구질이에요. 지금 제 감정이에요. 감정의 척도 90%예요. 긴장의 모양은? / 엄청 큰 파도, 색깔은 파란색, 녹색, 그 큰 파도 호흡과 함께 1분간 지켜보기, 불편해요. 파도가 저를 덮쳐서 파도에 휩쓸려 조난당했는데 아무도 나를 도와주지 않을 것 같은 불편함 밑에 무서움이 도사리고 있어요. 그럼 그 무서움에 / 집중해요. 그 무서움은 강도는 40% 정도 돼요. 그 무서움의 모양은 빛바랜 종이인데 옛날 성적표 같아요. 공부를 못했을 시절에 성적표, 70점이 많은 성적표 그것을 누가 주워서 제가 별로이거나 중요하지 않은 사람으로 저를 판단 내릴 것 같아요. 파도가 제 키보다 훨씬 큰 파도를 마주하고 있는데 지금은 벽처럼 보고 있어요. 파도가 얼음처럼 멈춰 있는데 속안에 성적표를 계속 보고 1분간 호흡을 후 지금은 종이 같아졌어요. 누가 봤을 때 성적표 같지 않고 그냥 종이 같아졌어요.

내담자: 그냥 계속 이렇게 쓰다듬어 주고 싶은데…

상담자: 네, 쓰다듬어 주세요. 그랬더니 그 파도가 어떻게 변화가 있나요?

내담자: 저는 그냥 계속 울어요. (중략)

상담자: 무서움의 척도가 40%라고 했는데 변화가 있나요?

내담자: 지금은 10% 정도예요. 크기가 작아지고 글씨가 없어졌어요. 파도가 얌전한 느낌이에요. 노력의 흔적들을 보면서 파도가 왜 화가 났는지 알 것 같아요. 여기서 뭘 어떻게 해, 그렇게까지 했는데 왜 이것을 이해 못 해 줘? 파도가 그렇게 말하는 같아요. 예, 파도가 저한테. / 울컥,

눈물이 나요. 가벼워졌어요. 척도 10%입니다. (1회기 명
상상담)

'문제가 무엇인가?'에 대한 질문에는 그동안 일상에서 긴장을 바라보
는 노력들을 하는데 근본적으로 긴장을 대하는 방법을 자신이 몰랐다.
긴장을 모른 척하는 외면에서 오는 화남으로 연구 참여자는 인식했다.

[그림 4] 스트레스의 파도 관리

부단히 애쓴 자신을 알게 되면서 앞으로 스트레스의 파도가 매일 더
자라지 않도록 돌봐 주겠다는 새로운 행동 지침도 세웠다.

2) 제2회기: 잃어버린 아이를 찾다

여동생이 태어난 이후 동생에게 관심이 쏠린 과정에서 자신에게 엄
마가 고개를 돌려 버려 그 아이는 태양의 빛을 받지 못해서 점점 얼어
붙어 가고 추워하면서 외로움을 호소하고 있다. 이에 얼어붙어 가는 어

린아이를 경험하면서 그동안 회색빛으로 매몰되었던 아이를 찾아내어 재양육을 하게 되면서 안전함과 가녀워짐을 느끼게 되었다. 추워하는 3세의 어린 시절을 명상상담 장면에서 재양육을 통하여 잃어 버렸던 자신을 되찾고 앞으로 잘 보살펴 주고 싶다고 말한다. 연구 참여자는 가족들이 함께 있는 방문을 열고 방 안에 들어가는 것조차도 힘들어 혼자서 마루에 앉아 있었다고 한다. 주 양육자로부터 관심과 사랑을 받지 못한 좌절감 때문에 힘들어하고 있다.

상담자: 왜 그렇게 문을 열고 들어가면 그 무서움이 있다고 생각했어요?

내담자: 그때는? 저를 반기지 않을 것 같아서.

상담자: 반기지 않을 것 같아서?

내담자: 그래서 빨리 거기 못 들어갔어요. 엄마랑 아빠랑 아기랑 가족들은 들어가고 여동생도 먼저 방에 같이 들어갔는데 저는 좀 마당에서 기다리다 들어갔어요.

상담자: 마당에서 기다리다 들어갔어요. 근데 지금 그걸 바라보니 지금은 어때요?/ 호흡과 함께 바라봅니다./ 어떤가요?

내담자: 그냥 그걸 바라보는 제 다음은 좀 슬퍼요. (중략) 들어가도 되는데 왜 못 들어갈까?

상담자: 왜 못 들어갈까?

내담자: 좀 짠하고 그래요.

상담자: 그럼 이 짠한 그 아이에게 어떤 달을 해 주고 싶어요?

내담자: 되게 다정하게 손잡아 주면서 우리 얼른 들어가자.

진짜 잃어버렸던 애 찾은 것 같아요. 정말 얘가 제일 표정이 없었거든요. 정말 얘가 제일 표정이 없었어요. 얘가 자라서 5살 아이랑 이렇게 만나서 둘이 한 몸이 됐을 때도 얘가 정말 표정이 없었는데 그리고 얘를 데리고 그 따뜻한 백사장에 앉아서 있을 때도 표정이 진짜 없었는데 선생님이 해 주는 말에 따라서 해 줬을 때 얘가 제 얼굴을 보고 이렇게 웃어 주는 게 되게 마음이 엄청 가벼워요. 지금 되게 진짜. 네, 되게 가볍고 얘 진짜 놓지 말아야겠어요. 얘는 진짜 처음 봐요. (2회기 명상상담)

그 아이의 손을 잡고 들어가는 이미지를 가지고 일주일 동안 생활을 했는데 정말 안전한 느낌을 받았어요. 그 공간이 예전에 그 아이를 몰랐을 때는 되게 긴장된다. 불편하다. 직장에서 오늘도 내 할 일 빨리 끝나서 집에 가면 좋겠다. 예전에는 이런 생각을 했는데 지금은 '어린 시절 내가 겪은 환경과는 다른 환경이야' 의식을 하면서 보낼 수가 있어요. 여전히 피곤하고 힘들지만 마음이 가벼워졌어요. 편안하게 다가왔어요. (2회기 명상상담)

회기 과정에서 잃어버린 2~3세 내면아이와 함께했던 경험을 이야기하고 있다. 내담자는 어린 시절 좌절된 욕구가 현재까지 영향을 받고 있음을 시사하고 있는 대목이다.

그때는? 저를 반기지 않을 것 같아서. 그래서 빨리 거기 못 들어갔어요. 엄마랑 아빠랑 아기랑 가족들은 들어가서 여동생은 먼저

방에 같이 들어갔는데 저는 좀 마당에서 기다리다 들어갔어요.
그냥 그걸 바라보는 제 마음은 좀 슬퍼요. 망설이다 들어갔는데
엄마가 나를 반겨요./ 은은하게 웃고 있어요. 그리고 아기를 보여
줘요. 엄청 밝게 웃어요.

4~5세 무렵 두 번째 남동생이 태어나 병원에서 집으로 오는 날의 경험은 호기심에 아가를 안고 들어오신 엄마에게 다가가 얼굴에 좁쌀 같은 것이 아기 얼굴에 있어서 엄마에게 다가가서 "엄마, 이게 뭐야?" 하고 물었는데 "저리 가" 하고는 엄마가 방으로 들어가는 장면이다. 그 이후 연구 참여자는 가족들이 함께 있는 방 안에 들어가는 것조차도 망설이고 있다. 주 양육자로부터 관심과 사랑을 받지 못한 좌절감으로 자신을 반기지 않을 것이라는 부정적인 핵심신념 때문에 힘들어하고 있었다.

연구 참여자는 회기 중 가장 의미 있는 회기로 꼽는다. 남동생이 태어나 엄마가 동생을 데리고 집에 온 상황으로 다른 가족들은 모두 방으로 들어갔는데 자신만 밖에서 들어가지 못하고 망설이는 장면에서 상담자가 손잡고 같이 들어가 주었다. 그리하여 연구 참여자는 드디어 자기 자리를 찾았다는 것이다. 온 가족이 다 같이 앉아 있는 장면이 가장 의미 있다고 하였다.

3) 제3회기: 학령기 경험

초등·중·고·대학까지 핵심적으로 내담자가 경험한 내용을 바탕으로 주 호소 문제는 다음과 같다.

① 초등 1~4학년 시기에 고모와 함께 살았는데 고모는 무섭다.
② 초등 5학년 때 왕따를 경험했으며, 그때는 사라지고 싶은 생각뿐이었고 숨어 다녔다.
③ 대학교 때는 5학년 때의 왕따 경험이 재현될까 봐 이중 전공으로 스스로를 바쁘게 만들어 그 누구와도 친교를 맺지 않았다.

(1) 초등 저학년 시기

연구 참여자는 초등 저학년 시기에 할머니 댁에서 살았는데 당시 고모로부터 체벌을 심하게 받았다. 자신을 어른들의 화풀이 대상으로 여겼다는 과거의 경험으로 되돌아가 재경험하는 과정으로 표현되고 인식되면서 고모와 관계 패턴이 변화했고, 역할극을 통하여 좌절된 욕구에 직면하면서 오랫동안 고통스러웠던 감정, 생각 변화의 치유가 이루어지기 시작하였다.

또한 고모의 진정성 있는 사과로 그동안 억눌려 있던 감정과 만나서 그 감정을 어루만지며 심리적인 안정감을 찾게 되었다. 왕따의 경험 또한 두려움을 종기로 표현하고 있었다.

대학 다닐 때에는 초등 시절 왕따가 재현될까 봐 바쁘게 지냈다. 그래서 억눌린 감정과 부정적인 신념은 판단을 중지하고 심층적으로 바라보면서 충분하게 느끼게 되면서 자신을 돌볼 수 있는 여유를 갖게 되었다.

고모가 초등학교가 1학년 때부터 4학년 때까지인가 3학년 때까지인가 같이 살았거든요. 같이 집에서. 근데 그때도 막 혼나서 막 너무 도망가고 싶은데 잡혀서 맞은 기억이거나 막 그냥 고모 눈치를 엄청 봐요.

몸의 반응은 심장이 두근거림이데요. 그리고 진짜 숨을 죽여야 될 것 같아요. 제 숨을 되게 정말 슴 쉬는 소리도 안 내야 될 것 같은 그런 압박감이 막 있어요. (3회기 명상상담)

내담자: 마당에서 진짜 울면서 막 진짜 그게 진짜 너무너무 무서운 기억인 것 같아요. 제가 지금 생각해도 되게 왜 막 이렇게 손에 땀나고 되게 막 진짜 심장이 각 두근두근 뛰고 지금.

상담자: 심장이 어떤 두근거림이에요?

내담자: 네, 그리고 진짜 숨을 죽여야 될 것 같아요. 제 숨을 되게 정말 숨 쉬는 소리도 안 내야 될 것 같은 그런 압박감이 막 있어요.

상담자: 어떤 두근거림이에요? (중략)

[그림 5] 고모에게 혼이 나 맨발로 뛰쳐나옴

상담자가 고모 역할을 해 준다.

> 고　모: 미안하다. 진작 해 줄 걸 늦었구나. 이제 괜찮단다./ 걱정
> 　　　　하지 마.
> 내담자: 그래도 그렇게 말해 줘서 고마워요.
> 고　모: 네가 고맙다고 말해 주니 나도 좋구나!
> 내담자: 너무 아프고 무서웠어요.
> 고　모: 어, 그래. 그랬구나. 무서웠구나, 미안하구나. 이제는 괜찮아.
> 　　　　(3회기 명상상담)

　호흡과 함께 지켜본 결과 압박감, 심장 두근거림의 감정이 모두 사라지고 있는 줄도 몰랐던 마음의 족쇄도 풀어내게 되면서 마음이 가벼워졌다.

　여기서 어린 시절 경험이 연구 참여자는 가족과 함께 있는 상황에서는 언제나 고립을 선택할 수밖에 없는 양육환경에 놓여 있는 상황에서 에니어그램 성격유형의 주 성격 2번 유형과 보조 성격으로 4번 유형의 특성으로 형성된 것으로 보고 있다.

　특히 정서적인 욕구가 결핍이 되거나 동생이 태어나거나 관심을 받지 못하면 버려지는 느낌이 든다고 한다. 다른 성격유형에 비교하면 이들은 자기의 정체성을 다른 사람과 차별에서 더 느낀다.

　또한 이 유형은 감정에 기초하여 정체성이 형성되기 때문에 감정의 변화에 혼란을 더 자주 겪는다. 어린 시절 결핍된 정서의 재양육을 통한 애착관계를 중심으로 대부분 힘들었던 과거의 경험을 사랑과 지지

를 받은 경험으로 재구성하여 이루지 못했던 욕구들을 행동하게 하므로 대인관계 적응 능력을 키우며 구체적인 대안을 찾는 과정이었다.

(2) 초등 5학년

연구 참여자의 초등 5학년 때 왕따 경험은 정말 세상에서 사라지고 싶을 만큼 심리적인 절망과 충격으로 휩싸여 있으면서 여러 부정적인 생각, 감정들이 강하게 뒤엉켜 혼란스러운 상태였다. 따라서 직접 자신의 마음을 살펴보기 위하여 알아차리고 호흡과 함께 머물러 지켜보게 하였다.

> 내담자: 뭔가 배척당할 것 같은 막연한 공포가 있어요. 이게 왕따 후에 만들어진 두려움 때문인지 아니면 정말 내 자리가 없을 것 같고 그래서 겁나는 건지 잘 모르겠어요. 그게 저한테 되게 막 섞여 있는 느낌이에요.
>
> 상담자: 그 무서움과 공포는 어떤 모양을 하고 있는지?
>
> 내담자: 제 피부에 종기처럼 막 들러붙어 있는 무서움이에요.
>
> 상담자: 그래요. 그러면 그 피부에 종기처럼 들러붙어 있는 그 무서움, 피부에 그렇게 느끼고 있다는 거죠? 호흡과 함께 그 종기가 들러붙어 있다는 그런 무서움, 그 무서움 강도는 얼마 정도 되나요?
>
> 내담자: 6~70% 정도 돼요. 좀 작아졌어요. 더 약간 투명해지고 사라져 가고 있어요. 호흡을 반복할수록 투명해지고 작

아지고 있어요. 내쉬는 숨에 따라서 떨어져 나가요. (3회

기 명상상담)

왕따 경험을 두려움과 끔찍한 종기로 표현하고 있다. 왕따 경험이 얼마나 큰 충격으로 작용하고 있는지 짐작할 수 있는 대목이다. 그 종기에 집중하여 지켜본 결과 몸에 나 있는 종기가 말끔히 사라지고 무서움의 강도가 낮아졌다.

(3) 대학교 때

내담자는 대학교에 입학한 후 5학년 때의 왕따 경험이 재현될까 봐 복수 전공으로 스스로를 바쁘게 만들어 그 누구와도 친교를 맺지 않았다.

무섭고 외로웠어요. 그러니까 여기는 제가 아는 사람이 없잖아

요. 그러니까 아는 사람이 없고 친구도 없는데 막 대학 특유의 뭔

가 친구를 되게 잘 맺어야 될 것 같은 압박감이나 분위기가 있었

는데 그게 너무 고통스러웠어요. 그래서 제가 복수 전공을 했는

데 이제 복수 전공하면 되게 바쁘잖아요. 저는 항상 그게 되게 관

심이 많은 사람이었거든요. 어렸을 때부터. 근데 그때 어렸을 때

부터 종교도 더욱이나 없어 가지고 이제 그런 거를 심리학을 전

공하면 좀 나를 이해하거나 알 수 있지 않을까 해서 심리학이랑

국어국문을 같이 하면서 저를 되게 바쁘게 만들었어요. 되게 뭔

가 저를 바쁘게 만들지 않으면 뭔가 초등학교 왕따 당해서 혼자

머쓱하게 다니는 그게 재현될까 봐 무서웠던 거예요. (3회기 명
상상담)

어린 시절 정서적인 결핍으로 인하여 부적응적인 좌절된 애착관계에
대한 재탐색으로 경험하면서 당시 사건으로 돌아가 그 당시의 감정을
그대로 다시 느끼도록 진행하였다. 유년기, 학령기, 청년기를 지나오면
서 연구 참여자의 성격적 특성은 보즈 성격의 4번 유형의 스트레스의
영향으로 왕따 경험은 아웃사이더의 기질을 더욱 강화시키는 작용을
하고 있었다. 혼자 지내기 좋은, 남에게는 바쁜 척 복수 전공으로 회피
를 했다. 스스로 고립을 선택하고 있었지만, 명상 상담은 내면 깊은 곳
의 고통을 풀어놓게 함으로써 눈물과 분노로 자신의 느낌을 거리낌 없
이 털어놓았다. 초·중·고·청년기 시기에는 유아기 시기와 연결고리
로 핵심 도식과의 관련성을 다음 회기에서는 부적응도식은 어린 시절
과 어떻게 관련되었는지 자세하게 다루도록 한다.

4) 제4회기: 칡넝쿨로 상징된 가혹한 기준 도식

첫째, 가혹한 기준의 감정은 기약 없는 막막함, 지친, 압박감, 지겨움,
굴레에 갇힌 것 같은 칡넝쿨, 해도 해도 끝없는, 만성피로 누적자로 널
브러져 있다고 표현하고 있으며, 고립은 바위 뒤에 숨어 있는 자신은
삼촌에게 맞지 않기 위해서였다.

둘째, 사회적 고립을 선택하기도 하지만 혼자 있는 것이 안전하다고
스스로 생각한다.

셋째, 어린 시절 맞지 않기 위하여 복종을 했고, 동생들을 돌보는 것으로 자기희생 도식이 형성된 것으로 본다. 주 호소 문제는 다음과 같다.

① 가혹한 기준으로 끊임없이 일을 한다. 집에 와서도 쉴 수가 없다.
② 사회적 고립, 복종, 자기희생은 연결돼 있다.

연구 참여자는 가혹한 기준으로 막막한 상황에서 일의 우선순위를 알아차리게 되었고, 고립과 복종, 자기희생 도식의 기원을 알게 되어 그 덫에서 벗어나게 되었다.

막막해요. 이거 언제 끝날지 나는 모르니까 기약 없는 막막함. 끝이 과연 있을까? 그런 엄청난 막막함. 되게 지겨워요. 그게 안 끝날 것 같으니까 칡덩굴 같아요. 잡아 뜯고, 잡아 뜯어도 계속 발을 칭칭 발에 걸려요. 저를 감는 건 아닌데 제가 발에 계속 걸려요. 이걸 옆에 걸려 쥐어뜯어서 또 칡덩굴이 나오고. 네, 넝쿨들이 약간 방 면적 정도로 작아져서 걔네들이 조금 말라 가지고 제가 빠져나와서 그것들이 뭉쳤어요. 약간 좀 큰 공처럼 뭉쳤어요. (4회기 명상상담)

내담자: 고립은 그래서 제가 회초리를 등으로 숨겨 놓고 있었어요. 제 등 뒤에 없는 척 숨겨 놓은 회초리가 굴종이랑 복종의 모양이고요. 고립은 그냥 바위 뒤에 숨어 있는 제 모습이에요. 바위틈이나 네, 엄청 커다란 뭔가에 숨어 있

는 제 모습이에요. 고립은 제가 숨어 있어요.

상담자: 자기희생을 지게라고 했는데 지게는 나에게 어떤 의미
인가요?

내담자: 벗으니까 되게 가볍거든으. 근데 지게를 계속 지고 있을
땐 지게 무게가 느껴지지 않았는데. 그냥 나한테 지게는
당연하게 메고 있어야 되는 거였구나. 아무것도 없는데
도 이미 나는 뭔가 내가 동생들의 짐을 대신 들어 줄 짐
이 없는데도 나는 지게를 지고 있었구나. 빈 지게예요.
지금의 지게의 모양은 근데 그 지게는 자체로 무게가 있
어요.

상담자: 복종의 회초리 사라졌고요. 자기희생의 지게는 내려놨
어요. 가혹한 기준인 칡넝쿨은 똘똘 뭉쳐서 던져 버렸고
요. 이제 자기 고립이 있어요. 고립을 선택한 그 바위 뒤
에 숨어 있다고 했는데. 그것을 어떻게 하면 벗어날 수
있을까요?

내담자: 그냥 거기 계속 주저앉아 있고 싶은 마음도 들고, 일어서
서 나가야겠다는 생각도 들고 일어서서 나오고 싶어요.
앉아 있고 싶지 않아요.

상담자: 네, 어떻게 하고 있나요?

내담자: 바위 위에 앉아 있어요. 제가 숨었던 돌, 엄청 큰 돌에서
나와서 그 위에 그냥 앉았어요. 고립이요. 이거 방금 바
위를 떠올리면서 기억난 건데 어릴 때 할머니 집에서 삼
촌이 저 때리려고 할 때 피해서 돌 밑에 숨은 적이 있어

요. 그게 떠올랐어요. 숨으면 안 맞으니까, 엄마 올 때까지 숨어 있으면 안 맞으니까.

상담자: 삼촌도 때렸어요?

내담자: 그랬던 것 같아요. 도망간 기억이 나요. 삼촌한테 맞기 싫어서 도망간 기억이 나요. 어린 것 같아요. 체구가 작아요. 그냥 숨죽여서 숨죽이고 있어요. 저를 안 들키려고, 근데 그게 제가 저를 고립시키는 그런 정서적인 느낌과 되게 비슷해요. 방금 떠올린 기억이 거기 숨어 있으면 집이 아닌 제가 갈 데가 없으니. (4회기 명상상담)

이러한 도식들은 심각한 문제를 가지고 있는 영역으로 주로 연구 참여자는 생존전략으로 회피를 선택하고 하고 있다. 이에 사로잡혀 있는 생각·기억·행동 등을 알아차리고 머물러서 지켜봄으로써 가혹한 기준과 복종, 자기희생은 그때 그 장면을 재경험을 통해서 해소가 되었다. 그러나 고립은 쉽게 빠져나오지 못하였다. 마지막으로 가끔 봤던 이미지가 연구 참여자에게 너무 크고 어른들을 믿지 못하는 불신 때문에 고립에서 빠져나오기 어려웠던 것 같다. 불신은 어느 누구도 믿어서는 안 된다는 믿음에서 나온 것이다. 이러한 행동의 습관을 되풀이하면서 바꾸기 어려운 취약성으로 더욱더 굳어지게 된 것이었다. 그러나 머물러서 지켜보기 2차시도 후에 고립이 불편하다는 것을 알게 되면서 스스로 걸어 나오게 되었다.

현재의 대인관계의 스트레스가 내담자의 감정/느낌, 생각/신념, 욕

에니어그램 명상상담 전략

구/갈망이 자아와 상호작용하여 생겨난 것임을 구체적으로 아는 것이 중요하다. 연구 참여자가 자주 느끼는 핵심 감정은 1차 감정과 그 감정 밑의 2차 감정을 탐색하고 생각의 탐색은 스치는 생각을 통해서 신념체계의 탐색이 중요하다. 그리하여 그것들은 어떤 사건으로부터 생겨났는지 어린 시절 감정과 함께 다룬다. 갈망은 현재에 느끼는 감정과 생각의 근원이 바로 갈망과 연결되어 있다는 것을 아는 것이 중요하다. 이것이 바로 현실적인 갈망이다. 환경과 작용하며 발생한 것으로 성장하면서 좌절된 갈망과도 관련이 깊다. 현재의 상황에 존재하는 그대로 알아차리게 하는 힘을 갖도록 하였다.

5) 제5회기: 자아개념

연구 참여자는 어린 시절 주변 즉 고모, 삼촌으로부터 들은 '네가 그럼 그렇지, 고지식한 고집쟁이, 넌 안 돼' 이런 말들 때문에 자신이 족쇄처럼 꼼짝할 수 없는 상황에 있다는 신념을 가지고 있었다. 제5회기를 통해서 왜곡된 신념이라는 것을 알게 되었다

> 상담자: '네가 그럼 그렇지' 그건 무슨 의미죠?
> 내담자: '네가 해 봤자' 그런 느낌이에요. '네가 해 봤자 보잘것없다', '네가 그럼 그렇지'. 근데 그게 늘 제 눈을 가리고 있는 것처럼 생겼어요. 그러니까 안대같이 생겼어요. 제 눈을 가렸어요. 그래서 그게 하는 소리를 계속 듣고 있을 수밖에 없어요.

'네가 그럼 그렇지' 그런 생각들을 한데 묶어 놨는데 물론 '개떡 같은 생각을 내가 듣고 있었지' 이런 생각이 들어요. '네가 그럼 그렇지'가 정말 너무 생생해요. 그 문장이. 네가 그럼 그렇지. 솔직히 '뭐가 그런데'라고 되묻지도 못하면서 그 문장이 너무 생생해요. 가짜로 휘둘렸구나. 더 이상 시간 낭비하지 말자./ 됐어. 약간 그런 마음이. 기껏 초등학생.

상담자: 기껏 초등학생이었는데 그 할머니 집에서 많은 것들이 상처로 이루어졌네요.

내담자: '적어도 지금의 나는 조금 컸나 보다', '다시 내가 돌아가서 이런 것들을 돌아볼 수 있을 정도면 이제 조금은 나를 돌볼 수 있을 만큼 컸나 보다' 그런 마음도 있어요.

이렇게 다시 큰 내가 그곳으로 다시 돌아가서 다시 그 일을 해결할 수는 없다고 생각을 했는데 선생님이랑 그 작업하면서 그게 되니까? 사실 '진짜 천만다행이다'라는 생각이 저는 되게 많이 들어요. 내가 진짜 이것을 한 해 더 되풀이하지 않고, 지금 이 작업을 해서 내일의 내가, 내년의 내가 커요. 그게 되게 지배적이고 압도적이에요. '감사하다. 너무 다행이다. 상담이 점점 더 편해지겠다. 이것을 반복하지 않아도 내가 노력하고 이것을 계속 기억하고 연습하면 그러겠다'라는 생각이 들어서 저는 진짜 그냥 감사한 게 제일 커요. 힘들긴 하거든요. 안 힘들지 않은데 감사한 게 진짜 너무 다행이다. 내가 어린 시절을 통해서 이렇게 해결할

에니어그램 명상상담 전략

수 있다는 게 다행이에요. 그게 되게 감사해요.

내 안에 있는 아이를 이제는 기를 수 있구나. 이전에는 겨우 발견했다면 이제는 돌볼 수 있구나. 내가 조금 어른이 된 것 같아요. 저한테 그렇게 이야기해 주고 싶어요. 어렸을 때 진짜 엄청 무섭고 힘들고 지금도 조금 울컥한 게 있는데 그래도 저는 되게 씩씩하게 바르게 잘 살아왔어요. 진짜 저를 돌볼 수 있을 만큼 컸어요. 그게 제 자긍심이 될 것 같아요. 그렇지만 나는 잘 살아왔어. 그래서 겁나지 않아요. 왜냐하면 경험했으니까. 저한테 큰 자산이 될 것 같아요. 이 경험이 저는 정말 저한테 엄청 큰 자산이 될 거예요. 다시 일어날 수 있으니까. 진짜 이건 저의 큰 자긍심이 될 것 같아요.

아마 종종 울컥할 것 같기도 해요. 근데 굉장히 기뻐요. 진짜 마음 안에, 네, 금은보화. 마음 안에 금은보화를 둔 것 같아요. 이런 이미지를 떠올려 본 적이 없거든요. 마음 안에 뭔가 금은보화가 있다는 이미지를 생각해 본 적이 없는데 디거는 제 진짜 뭔가 내가 만약에 결혼을 해서 아이라도 있으면 유산으로 물려줘도 되지 않을까 싶은 그 정도예요. (5회기 명상상담)

[그림 6]은 주변으로부터 들려오는 부정적인 말들로 인하여 다른 것을 전혀 생각할 수 없는 안대로 가려진 상황을 그림으로 상징한 것이다. 모든 것이 막혀서 꼼짝할 수 없는 덫이라 아무것도 볼 수 없다. 귓가에 부정적인 말들이 윙윙거리는 장면이다. 그래서 조용히 앉아 자신의 그런 말들을 주의 깊게 경험하며 사로잡히지 말고 마음과 몸에서 어

떤 일이 일어나는지 머물러서 지켜보게 하였다. 그것들은 허상이며 존재하지 않았다는 것을 통찰하게 된 그림이다.

[그림 6] 넌 안 돼

이 신념은 초등학교 4학년 때 남았던 것이, 신념이 만들어진 것은 글씨를 못 써서 남겨졌는데 선생님의 차별이 대단했어요. 그 분단에 앉아 있으면 불가촉천민 취급을 받았어요. 남아서 자기가 못하는 것, 보강하는 것 말고는 뭔가 청소를 해야 했거나 했어요. 잘하는 애들은 선생님 앞에 앉아 있고 저희는 맨 뒤에 가운데 분단 6명이 앉아 있었거든요. 우리는 2학기 내내 서로 얼굴 보고서 공부 못하는 애들, 맨날 남는 애들, '나는 글씨 못 써', '나는 잘난 것이 없어', 그렇게 일 년을 굴욕당하고, 5학년 올라가서 '왕따' 당하고, 책으로 도피하고, 6학년 때 학원 갔더니 '너는 공부를 못해. 잘할 수 없을 거야. 그래도 할래?' 이런 일들이 연쇄 고리처럼 묶

에니어그램 명상상담 전략

어 놓고 자기네들끼리 뭉치고 있어, 나도 그것을 뗄 생각을 못 하고 나는 뭘 못 해, 나는 잘난 게 없어, 대인관계에서 나는 매력 있는 애가 아니고 왕따 당했으니까. 내가 할 수 있는 것은 노력뿐이야. 노력만 엄청 할 수 있는 영역 같은 거계요. 그래서 저를 자꾸 채찍질해요. 중, 고등학교 때 최대 6시간 이상 자 본 적이 없어요. 그래서 저를 가혹하게 몰아붙였어요. 저에게는 연쇄 고리가 세 개의 세트가 탁탁 맞물려서 열심히 해야 돼. 잘해야 돼. (5회기 명상상담)

자아개념은 특히 연구 참여자의 집착된 신념체계를 찾아내는 것이 중요한 목표이다. 이때 감정과 연결된 생각을 중심으로 감정에 따른 각각의 생각들을 포착하여 그것들의 모순과 확대, 상호작용 관계를 파악하는 것이다. 또한 중요한 것은 마음은 자동적으로 운행되는 자동차처럼 생각의 무의식으로 끊임없이 달리고 있는 사실이다. 이 생각을 멈추게 해야 한다는 것이다. 즉 알아차리기는 생각의 자동차가 안개 속에서 표류하고 있다는 것을 머물러 지켜보기를 통하여 생각에서 빠져나와 현재에 존재할 수 있도록 돕는다.

6) 제6회기: 역동 스트레스, 펑크 난 타이어

대응행동과 위기 상황에서 어떻게 극복해야 하는지 건강할 때와 불건강할 때를 분명히 자각하여 성격적인 위기와 변화를 알게 하여 적절하게 대응하는 힘을 기르게 한다.

① 잘해야 된다는 신념 때문에 끊임없이 노력하고 있는 현재의 모습을 더 이상 갈 수 없는 상황에도 계속 회전하고 있는 너덜너덜 펑크 난 자동차 타이어로 상징화하고 있다.

② 스트레스 상황은 사소한 말에도 아주 감정적으로 반응할 때가 있다. 힘들어지면 회피하는 경향이 있다. 외면도 많이 하고 매우 사색적이 되지만 한번 감정에 빠져들면 존재의 느낌마저 끊어 버린다.

③ 에니어그램의 성격유형 중 감정형의 2, 3, 4번 유형으로, 가려움, 위장장애 등과 목이 굳어 가는 불편함을 호소하는, 불건강한 심리적 상태에 놓여 있었다.

상담자: 이제 위기 대응 행동에서 어떤 부분을 한 단어로 표현하자면 어떤 단어가 생각이 나요?

내담자: 펑크 난 타이어요. / 뭐 하려다가 그냥 타이어, 그러니까 타이어가 너무 마모되면 터진다고 알고 있거든요.

'저것을 달고 계속 달리면 사고도 날 텐데 어딜 그렇게 가려고 했을까. 어딜 그렇게 가려고 하나' 그냥 그런 생각이 들면서 차라리 펑크 난 게 다행이다 싶은 거예요. 더 못 가니까. 펑크 나면 차라리 더 못 가니까. 나에겐 진짜 아니야. 이런 힌트들이 있었을 텐데 그것을 귀하게 못 들어줬구나. 그냥 그런 생각도 들어요.

그냥 제가 스트레스를 많이 받았다고 지표를 가지고 있는 것 중에 하나가 몸이 가려운 거거든요. 그러니까 건조해서 조금 유난히 긁는다 싶으면 좀 스트레스를 받을 때예요. 가려운 거랑 소화 안 되는 거랑 네, 그랬구나 싶어요. 그래서 워낙 잘 체하기도 하고 하니까 이제 먹는 거면 이제 조심해서 먹는, 꼭꼭 씹어서 먹는다거나 과식 절대 안 하거나 이러는데 목이 뻣뻣하게 굳는 게 이번에 나한테 힌트였구나.

상담자: 그게 힌트였다. 그것은 무슨 의미죠?

내담자: 그래, 꿈에서 '제발, 야, 너 진짜 아니다' 저한테 알려 준 것 같거든요. 계속 그때 제가 계속 뭔가 쫓기거나 막 그랬어요. 꿈이 계속 그 주간 선생님 만나기 그 주 전 주간에 계속 그런 꿈 보고 있었는데 내가 그냥 힘들어, 나하고 그냥 휙 넘겨 그러니까 그 꿈은 뭔가 의미가 담겨 있겠다는 생각이 들었어요. 비슷한 상황이 반복이 되니까. 근데 이게 '뭐지, 이게 뭐지' 하면서 또 다른 제 할 일들에 마음에 뺏기고 또 똑같이 밤을 맞이하고 아침에 '이게 뭐지. 어제도 꿨는데, 비슷한데 뭐지. 왜' 하고 또 이렇게 흘려보냈어요. (6회기 명상상담)

상담자: 앞으로 관리 어떻게 하실 것인가요?

내담자: 2~3살 그 아이는 그때 얼굴이 가장 어두웠어요. 진짜 걔는 계속 방치하면 회색빛 약간 미라같이 될 것만 같아서 그 친구는 진짜 손을 꼭 주고 얼굴을 자주 들여다봐 줘야 되고 얘가 지금 표정이 있나 없나 지금 걔를 가장 많이

돌봐줘야 되거든요. 5살 애도 ○○는 이제 또 씩씩하게 울어도 걔는 할 말 해요. 울어도 씩씩하게 앉아서 콧물 닦고 눈물 닦고 마루에 앉아 있어요. 근데 진짜 2살, 3살짜리 ○○를 손을 꼭 잡고 걔는 계속 봐줘야 돼요. 걔네 데리고 칡밭에도 가야 되고 파도도 봐야 되고 '그냥 드라이브 간다 생각해야지'라고 생각했어요. 저는 옆자리에 아기를 태우고 칡밭에 구경을 갔다가 칡밭이 말짱한지 확인하고 다시 카센터로 가서 점검을 맡기고 걔는 아이스크림 먹고 나는 커피 마시고, 그런 이미지를 그게 한 서클인 것처럼 이미지를 잡아야겠다는 생각을 했었어요. 매주 토요일은 칡밭 드라이브 가는 날이다. 나는 내 애기 손잡고 태우고 무엇을 좋아하는지 모르겠어요. 두 세 살짜리 애기가 뭘 좋아할지 모르겠지만 뽀로로 노래 같은 걸 하나 틀고 아니면 과자를 손에 쥐여 줘서 앉힌 다음에 곡괭이랑 호미랑 낫이랑은 좀 트렁크에 실어 봐야 될 것 같아요. 매달 토요일 첫째 주 토요일은 칡밭 가는 날. 왜 그냥 그렇게 그냥 고정해서 박아 놓고 해야 될 것 같아요. 이렇게 저 스스로 이걸 가볍게 생각하고 자주 이렇게 들여다보고 웃고 할 수 있게 심리적인 거리감을 좀 좁혀 제가 좀 더 물리적인 시각화를 해야겠다는 생각이 들어요. 그런 이미지를 그리고 굉장히 유쾌하거든요. 제가 아까 마루에서 눈물 닦으면서 코도 흥 풀고 그래도 있는 ○○ 옆에 물건 3개를 그려 넣었는데 되게 든든했

어요. 맞아, 이걸 내가 모아서 보면 더 든든함을 느끼겠
구나. 그래서 그런 진짜 이미지를 그려야겠는데요. (6회
기 명상상담)

스트레스 상황에 놓이게 되면 어떻게 행동하는지 자각을 못 하는 경
우가 있었지만 연구 참여자의 성격적 특징에 맞는 감정을 충분히 느끼
게 하고, 그 감정 밑에 숨어 있는 생각을 탐색하여 그때 당시 하지 못했
던 말이나 행동 또는 욕구를 알아차리게 하여 해결의 실마리를 찾아 문
제 해결을 하였다. 연구 참여자는 상담과정을 탐색하여 어린 시절의 미
해결 과제들이 현재의 삶에 영향을 미치는 감정·생각·욕구의 흐름을
탐색 통찰하여 맥락적인 연결고리를 스스로 정리하면서 자신의 성격적
특징의 변화가 있음을 확인할 수 있었다.

7) 제7회기: 본질과 성장

에니어그램의 궁극적인 목표는 나의 성격적 특징을 탐색하여 겉으로
드러난 자신의 성격을 분명하게 아는 것이며 내면의 본질을 자각하여
성장 과정의 방향으로 나아가는 것이다. 내담자의 성장 방향은 나의 존
재와 필요를 직접적으로 요구하고 표현하여 주장하여야 한다.

연구 참여자는 지금까지 한 번도 필요 요청을 해 보지 못하고 살아왔
다고 하였다. 성장을 위해서는 생각을 멈추고 요청할 수 있어야 한다.
생각을 멈추는 것도 어려운 일인데 요청하기는 더 어렵다고 하였다. 자
신이 스스로 어떻게든 해냈고 요청의 기억은 꺼낼 수도 없을 만큼 전무

했다. 거절당했을 때 상처를 받을까 봐 걱정했기 때문이었다.

(1) 먼저 필요한 것을 요청하기

상담자: 성장과 본질로 가려면 이렇게 해야 돼요.

내담자: 근데 저는 진짜 성장하고 싶어요.

상담자: 그래서 행동계획을 한번 세워 보는 것도 좋은 일이에요. 첫 번째 그리고 부모님과 행동계획서.

내담자: 근데 이걸 알게 돼서 또 기쁘기도 해요. 왜냐하면 저는 제일 어려운 게 뭘 해야 될지 알면 겁 안 나거든요. 하면 돼요. 전략을 찾거나 근데 항상 저를 두렵게 하거나 막연하게 하는 건 뭘 해야 될지 모르겠다는 거가 조금 그게 절 더 힘들게 하는데 지금은 '그래, 맞아. 이게 어려운 건 알겠어.' 근데 못 할 건 또 아니잖아요.

상담자: 행동 계획서에 가장 먼저 요청하기 편한 것. 첫 번째 엄마 하고 배웅 인사 나누는 것 그리고 두 번째 이제 남동생, 여동생, 가족에게 요청할 게 있을 거예요. 그것 요청하기. 그다음에 세 번째로 직장에서 아주 그런 단순한 것, 뭐 스테이플러나 이런 것, 그러니까 그런 용품들 있잖아요. 사무용품 요청하기 저도 요청을 해 봐야 되겠어요.

내담자: 어디서 찾아요?

상담자: 먼저 요청하기에 부담 없는 가까운 가정에서부터 찾아 보고요. 다음에 직장에서 찾고요. 다음에 동생들한테 하

고요. 요청 목록이에요. 성장을 위한 행동계획서예요

내담자: 그러면 네, 한번 적어 볼게요.

상담자: 다음 회기에 점검도 한번 또 해 보고요. 그러면서 한번 살펴볼게요. 나의 성장 방향을 위해서.

내담자: '어떻게 하지'라는 생각이 가장 지배적이에요. 생각의 잔 뿌리들을 엄청 많이 만들어 내는 생각이네요.

근데 뭐 먹지? 생선을, 생선 구워 먹을까요? 생선. 엄마, 생 선 구워 먹자. 생선을 생선 구워 먹을까요? 생선. 엄마, 생선 구워 먹자. 갈치 먹을래?

상담자: 동생들한테 뭘 요청할 거예요? 전화로 요청하세요.

내담자: 운전 시작했을 때 동생들기 필요한 거 있냐고 물어봤거 든요. 선물해 주겠다고.

상담자: 지금 엄마하고 동생들한테 요청을 했어요? 다음에 직장 에 가서 이제 요청해요. 아주 간단한 거. 처음에는 다 들 어줄 수 있는 것으로 가벼운 마음으로 시작해 보세요.

내담자: 생각났어요. 파일에 쇠 철이 필요한데 그거 달라고.

상담자: 그거는 많이 있으니까 달라고 하면 아마 주실 것 같아요.

내담자: 생각했던 것만큼 무서운 일이 아니었어요. 그러니까요. '할 수 있구나. 이래야 관계가 시작이 되는구나'라는 생각.

상담자: 좋아요. 대인관계는 이제 시작의 첫발 내딛었습니다. 요 청하는 것으로.

내담자: 네, 요청하기, 네. 거절당하기 되게 머쓱해지는 것을 못 견 디나 봐요. 제가 그러니까 차 요청하면 아예 그럴 일이 없

으니까 너는 아무런 욕구 없는 척 이제 내가 뭐 있어요?
나 이것 좀 해 주세요. 이렇게 했는데 그렇게 거절당하면
뭔가 유난 떤다. 쟤 진짜 사람 귀찮게 만든다. 이런 평가
를 들을까 봐 좀 그게. 별것도 아닌데, 별것도 아닌데.

거절당하면 머쓱해지는 것, 상처받을 것 같아서 요청을 못 했던
같아요. 요청은 명상을 통해서 작은 것부터 직면하여 의지형 명
상상담으로 하지 못했던 요청을 직접 경험을 해 보니 별것이 아
니네요. 먼저 가족으로부터 시작해서 직장으로 넓혀 가다 보니
요청을 하면 대인관계 시작을 이렇게 하면 개선에 도움이 될 것
같아요. (7회기 명상상담)

연구 참여자의 본질은 다양하게 성장하고 싶은 여러 유형으로 많은
것이 특징이다. 그래서 명료화 과정을 통하여 내 안에 신령스러운 앎이
있는 것을 알아차림하고 연구 참여자가 원하는 것이나 자기표현을 하
므로 성장할 수 있음을 통찰하게 된 계기가 되었다.

(2) 새로운 행동과 마음 관리

연구 참여자의 주 호소 문제를 탐색하여 가장 문제가 된 행동을 평가
하여 새로운 행동으로 수정하여 내담자의 일상에서 실천할 수 있는 것
을 목적으로 한다.

① 새로운 행동 목록 관리하기

새로운 계획과 행동하기 회기를 거치면서 매 회기의 목표와 실천 과제를 마음 관리 수칙으로 연구 참여자는 계획과 함께 실천 목록을 만들어 관리 수칙을 정리하였다.

[그림 7] 마음 관리 수칙

연구 참여자는 매 회기 주 호소 문제를 다루며 대인관계에서는 스트레스를 상징하는 파도 달래기, 어린 시절은 내면아이 다루기, 심리도식 관리에서는 칡밭, 자아개념에서는 핵심신념, 역동에서는 위기관리, 본질과 성장에서는 새로운 계획 행동하기 등을 표로 만들어 냉장고에 붙여 놓고 매주 토요일을 마음 관리의 날로 정하였다.

② 행동 계획과 실천 목록 체크 작성

연구 참여자는 어린 시절 좌절된 욕구로 자신의 필요를 요청하지 못하여 대인관계 어려움을 초래하여 스트레스가 많이 쌓이는 경우이다. 그래서 요청 목록을 만들어 행동에 옮긴 것을 체크하여 연구자에게 상담 회기 중 과제로 제출한 것이다. 행동 수정 목록은 다음 표와 같다.

- 엄마에게 먹고 싶은 메뉴 요청하기(주말 점심에 갈치 먹어요)
- 동생들에게 전화로 핸드폰 거치대 요청하기
- 직장에서 파일, 철심, 볼펜 요청하기
- 친구들에게 관광지 지도 요청하기

연구 참여자는 현실적인 대안으로 실천 가능한 요청 목록 작성하였다. 쉽게 접근할 수 있는 가벼운 것으로 거절이 있어도 심리적으로 큰 타격이 없는 것으로 시작할 수 있게 하였다. 그리고 명상상담 개입을 통해서 직접 요청을 표현하도록 진행하였다.

8) 제8회기: 행동 실천하기

연구 참여자는 요청하기 역할극을 통하여 직접 행동을 하였다. 그리고 목록에 있는 실천 사항을 체크하여 연구자에게 에니어그램 5범주별로 일주일 한 번씩 점검하여 제출하였다.

2. 심리검사 분석을 통해 관찰된 변화

1) 스트레스 검사

고경봉, 박종규, 김찬형(2000)이 개발한 검사로, 심리적 증상을 측정을 위해 '감정, 신체, 행동적 스트레스' 총 39문항으로 구성되어 있다. 하위척도 긴장·공격성·신체화·분노·우울·피로·좌절 등 7개의 척도가 있고 각 문항 5점 점수가 낮을수록 스트레스에 덜 노출된 것으로 해석한다.

〈표 12〉 스트레스 사전검사

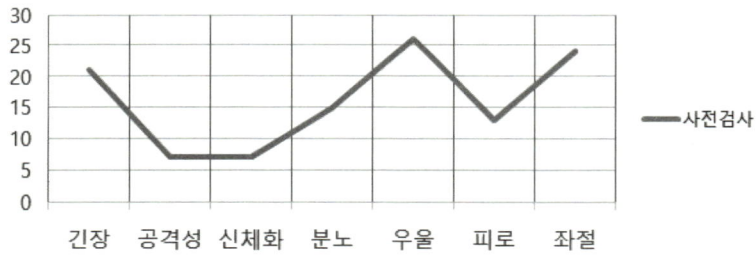

스트레스 사전검사에서 '50점'은 낮은 수준, '51~80점'은 마음 관리, '81~120점'은 스트레스 관리, '120점' 이상은 심각한 스트레스 상태로 심리상담 치료가 필요하다. 연구 참여자는 사전검사에서 높은 점수 순으로 보면 긴장 21점, 분노 15점, 우울 26점, 피로 13점, 좌절 24점, 공격성 7점, 신체화 7점, 합계 115점으로 절실하게 스트레스 관리가 필요한 상태이다. 스트레스의 사전, 사후검사 분석결과는 다음 〈표 13〉과 같다.

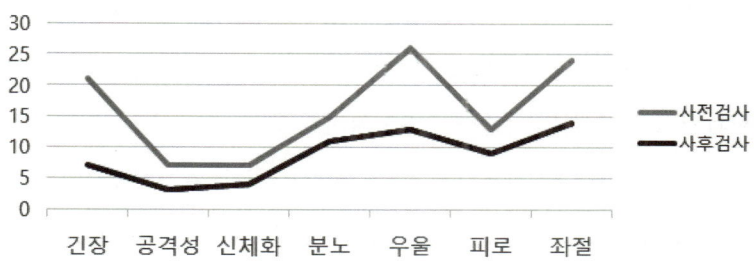

〈표 13〉 스트레스 사전, 사후검사

사후결과를 살펴보면 합계 68점으로 긴장 7점, 분노 11점, 우울 13점, 피로 9점, 좌절 14점, 공격성 3점, 신체화 7점이다. 특히 긴장·우울·좌절 점수가 유의미하게 낮아진 것을 확인할 수 있었다. 긴장은 사전검사에서는 직장 내의 대인관계에서 가장 많이 느끼는 것으로 나타났다. 이에 에니어그램 성격유형을 탐색 분석을 통해 연구 참여자의 자신을 이해하고 명상상담의 개입으로 그 효과성을 확인하였다.

2) 심리도식 검사

(1) 심리도식 사전검사 결과

심리도식 검사는 상위 높은 점수 4개를 중심으로 사전검사 결과를 분석하고자 한다. 연구 참여자는 생애 초기 부정적인 경험 욕구가 심하게 좌절된 경우 또 정서적 기질의 개인 차이로 핵심양상은 안전·안정·돌봄·공감·감정공유·수용·존중 등에 대한 욕구가 충족되지 않아 분리되어 있거나 자신이 원하는 대로 이루어지지 않을 것이라고 생각한다. 이에 자신이 세상으로부터 고립되어 있고 남들과는 다르며 조직이나 집단의 일원이 되지 못한다고 사회적 고립을 느낀다. 특히 가혹한 기준은 과제 수행에 높은 기준을 충족시키기 위해 노력해야만 한다는 신념을 가지고 있다. 전형적으로 압박감이나 긴장을 느끼며 여유를 갖기가 힘들다고 느꼈고, 그리고 즐거움·휴식·건강·자존감·성취감, 만족스러운 대인관계 등에 어려움을 가져왔다.

　연구 참여자의 심리도식 점수는 가혹한 기준(US, 사전 60점), 사회적 고립(Si, 사전 50점), 복종(Sb, 사전 4점), 자기희생(SS, 사전 40점)으로 나타났다. 사전검사 결과는 다음 〈표 14〉와 같다.

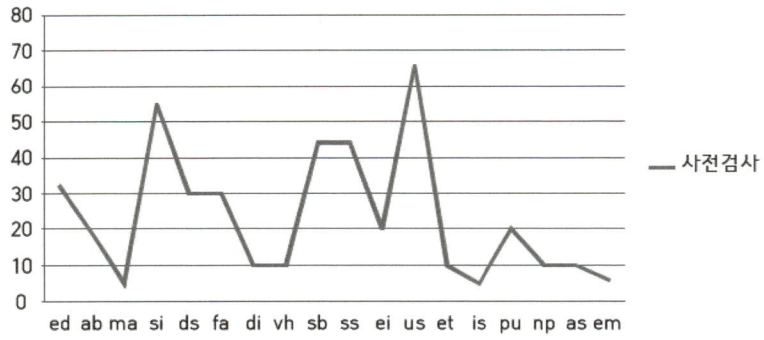

〈표 14〉 심리도식 사전검사

(2) 심리도식 사후검사 결과

심리도식 검사는 상위 높은 점수 4개를 중심으로 사후결과를 분석하고자 한다. 분석 결과, 가혹한 기준(US, 사후 20점), 사회적 고립(Si, 사후 30점), 복종(Sb, 사후 30점), 자기희생(SS, 사후 20점)으로 나타났다.

요컨대, 가혹한 기준은 20점, 사회적 고립 30점, 복종 30점, 자기희생 20점으로 의미 있는 네 개 영역 모두 감소하였다. 특히 가혹한 기준이 사전검사 60점에서 사후검사 20점으로 줄어든 것은 어린 시절 양육자로부터 경험된 자아개념에서 부정적인 핵심신념이 영상관법, 명상상담 개입을 통하여 변화가 있음이 확인되었다.

<표 15> 심리도식 사후검사

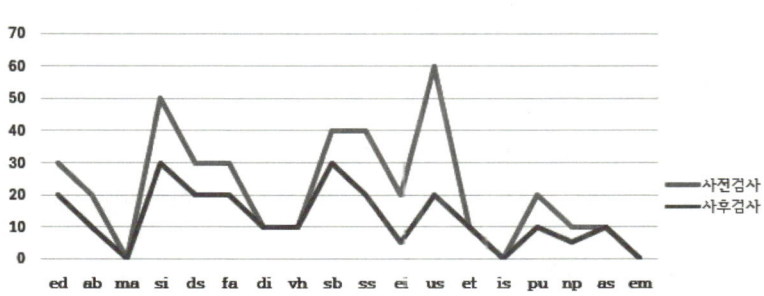

(3) 연구 참여자의 도식이 형성된 배경

① 가혹한 기준

5학년 때쯤 시험을 봤는데 첫 번째 시험에는 70점 맞았고, 두 번째는 열심히 해서 80점을 맞았는데 엄마, 아빠는 별다른 반응이 없었다. 그게 믿음이나 수용으로 받아들여지지 않고 '엄마, 아빠는 나에게 관심이 없고, 내가 어른 돼서 사회 나가려면 노력을 해야겠다' 해서 공부를 했다. 초등학교 6학년 때 종합학원을 보내 줬는데 레벨 테스트 같은 것을 봤는데 못 봤다. 그러더니 원장님이 불러서 '너는 평생 공부를 잘할 수 없을 것이다' 그렇게 말을 해서 상처를 받았다. 그때부터 공부를 열심히 했는데 기초가 없는 상태에서 하다 보니 못하는 것처럼 느껴지는 것이다. 어린 시절 부모님도 관심 없고 학원 선생님도 그랬고 그래서 가혹한 기준을 높이 세웠다.

그런 사건 이전에는 뭘 열심히 해야겠다는 생각이 없었다. 왜냐면 글씨를 못 써서 남았는데도 '글씨를 더 잘 써야 돼' 하는 생각이 없었다. '글씨를 좀 못 쓰면 어때'라는 생각이었다. 그러나 두 가지 사건이 분리되지 않는다. 남들보다 더 잘해야 한다. 시험도 평균 이상만 해도 되는데 정말 열심히 하고 있다. ○○○ 대학 출신이라 더 열심히 하고 있다. 편견이나 능력이나 성실함을 입증해야 된다는 압박이 크다. 집에 와도 쉴 수가 없다. 매일이 끝나지 않는 숙제가 쌓여 있고 일의 연장이다. 나는 잘하고 싶고 증명해야 된다. '나 너희들이 잘 뽑았지?' 뭘 잘해야 한다는 압박감이 계속 따라다닌다. 자신감이 진짜 없다. 준비를 항상 많이 한다. 늘 뭔가를 해야 하고, 안 하면 불안하다. 그래서 나는 만성 피로 누적자다.

② 복종

맞기 싫고 소외받기 싫어서, 하라고 하는 대로 하면 안 맞으니까, 안

대들면 안 맞으니까. 원래 잘 대들고 쫑알쫑알 대드는 아이였다. 초등학교 5학년 때 왕따 사건을 겪고 6학년 됐을 때 그냥 친구들 기호를 맞춰 줬고, 내 기호를 드러내지 않는다. 지금도 외식 메뉴를 내가 고르지 않는다. 친구들이 먹고 싶은 것을 그냥 먹는다.

③ 자기희생

나도 어린데 동생들은 더 어리다. 체구가 훨씬 작은 여동생, 5살 차이 나는 남동생, 아빠는 3교대 가고 엄마는 바쁘다. 시골에 가면 엄마, 아빠 없이 내가 동생들을 봐야 했고 밥을 차려 먹이든 가사는 나눠서 하든지 그냥 항상 동생들을 돌보는 일이 머릿속에 있었다. 당연하게 동생을 지키고 보호해야겠다는 생각이 컸다.

④ 사회적 고립

정서적으로 가장 안전하다고 생각하기 때문에, 혼자일 때 피해 있는 게 편해서 너무 오랫동안 고립을 선택해서 다른 방법을 모색할 수가 없었다. 친구와 팔짱 끼는 것도 어렵고 누구가가 가까이 오면 두렵다. 삼촌, 고모가 잘못하면 맨날 때렸기 때문에 어른들은 안전하다고 못 느낀다.

주 양육자로부터 생애 초기 부정적인 경험 때문에 생겨난 도식들이다. 첫째, 가혹한 기준은 압박감을 느끼거나 자신을 타인의 비판을 피하기 위하여 높은 기준을 충족하기 위해 노력한다. 이러한 관계로 대인관계에서 심각한 손상을 보인다. 둘째, 사회적 고립/소외 도식을 가진

연구 참여자는 어떤 집단이나 공동체에도 소속감을 느끼지 못한다. 셋째, 복종과 자기희생 도식은 자신의 통제권을 가족 주변인들에게 내주고 있으며 가족들을 돌보면서 타인의 욕구를 충족시키려고 자발적으로 애쓴다. 그 이유는 타인의 고통을 함께 나누거나 죄책감을 모면하고 자존감을 높이기 위함이라고 볼 수 있다.

따라서 명상상담 개입은 내면 아이의 그때 경험의 근거자료에 직면하여 머물러 지켜보면서 감정·생각·욕구들이 실재하지 않음을, 즉 존재하지 않는 허상임을 통찰하게 되었다. 그래서 가혹한 기준·사회적 고립·복종·자기희생들이 어린 시절에 어떻게 발달되었는지 기원을 찾아 해소하므로 낮아진 점수의 결과는 명상상담 전략의 개입으로 어린 시절 경험했던 그 장면을 돌아가 재양육을 하는 것이었다. 호흡과 함께 알아차리고, 머물러서 지켜보면서 그때 못 했던 말들을 큰 소리로 말하기 또는 생각 중얼거리기, 감정을 충분히 느껴 보기 등을 통하여 연구 참여자 스스로 알아차리고 통찰해 가면서 치유가 이루어져 도식의 고리를 끊어 내는 성과를 확인할 수 있었다.

3) 에니어그램 성격유형 사전검사 분석

연구 참여자의 주 호소 문제인 스트레스로 인한 불안·긴장·좌절에 관련하여 성격적인 관련성을 살펴보기 위한 '에니어그램 성격유형' 검사를 하였다. 역동 그래프 해석과 5범주별 대인관계, 어린 시절, 자아개념, 역동, 본질과 성장 순으로 분석한 결과는 다음과 같다.

〈표 16〉 에니어그램 성격유형 사전검사

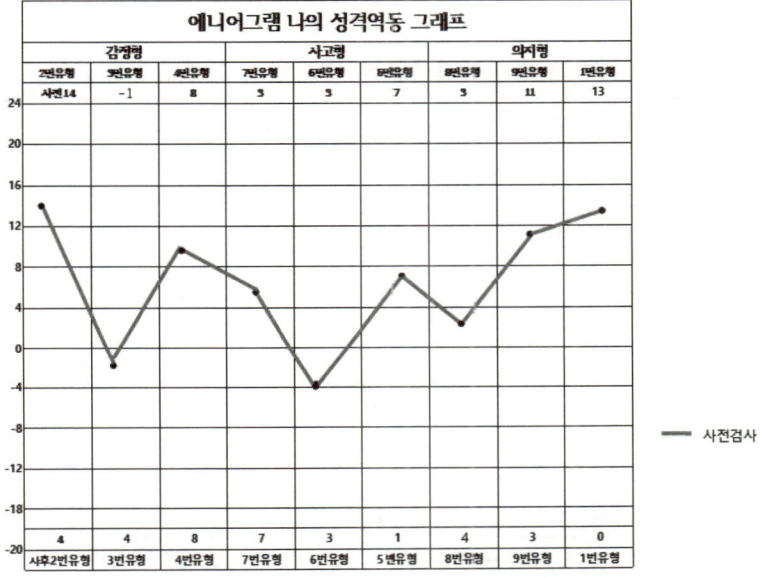

연구 참여자의 가장 점수가 높은 주 성격은 사전검사에서 '2번 유형', 즉 다른 사람들을 돕는 중심 유형이다. 그다음 높은 점수인 보조 성격은 '1번 유형' 개혁가, 예술가의 특별함을 추구하는 '4번 유형'으로 나타났다. 가장 낮은 점수 네거티브는 6번 유형은 권위자에게나 주변에게 요청하지 못하는 성격의 소유자로 사전검사에서 나타났다.

사전검사의 전체적인 맥락을 살펴보면 주 성격 2번 유형으로 누군가를 도와주므로 자부심을 느낀다. 그리고 보조 성격으로는 먼저 1번 유형은 원리원칙과 체계와 질서를 준수하는 사람이며, 4번 유형은 민감하고 독특한 개성을 가지는 사람으로 나타났다.

(1) 대인관계 사전검사 분석

첫째 범주 대인관계의 하위개념의 사회성·교류관계·애착 정도를 사전검사 응답을 통해 살펴본다. 연구 참여자는 대인관계에서 스트레스를 받기 때문에 무엇이 문제인지를 대인관계 중심으로 탐색한다. 대인관계 사전검사는 〈표 17〉과 같다.

대인관계 분석을 통하여 연구 참여자의 대인관계에서의 스트레스 특성과 변화 과정을 살펴볼 수 있다.

〈표 17〉 첫 번째 범주 대인관계 사전검사

유형	감정형(愛)			사고형(想)			의지형(行)		
문항	2유형	3유형	4유형	7유형	6유형	5유형	8유형	9유형	1유형
2	2	1	0	1	0	1	1	2	2
3	2	1	0	-1	2	1	-1	2	2
4	-1	-1	0	1	-2	-1	0	2	1
합계	3	1	0	1	0	1	0	6	5

〈표 17〉는 몇 번 유형에 점수가 더 높은가에 따라서 어떻게 대인관계를 하고 있는지에 대한 결과표이다. 9번 유형의 "2사회성, 3교류관계, 4성적애착" 모두 가장 높은 점수인 2점으로 큰 점수를 주었다. 연구 참여자는 9번 유형의 대인관계를 주로 사용하고 있음을 나타내고 있다. 이에 '9번 유형'의 대인관계 특징은 2번 문항 '사회성'은 원만한 인간관계를 중시하며, 3번 문항 '교류관계'에서는 어렵고 힘든 상황에서 말하지 않고 묵묵히 지나간다. 4번 문항 '애착 정도'는 상대방이 원하는 대로 따

르다 우울해진다는 문항들로 대체적으로 자기 의사 표현을 못 하는 경우이므로 스트레스가 쌓일 수 있는 전형적인 행동 특징이다. 연구 참여자는 자기 의사가 없는 것이 아니라 평화를 중시하므로 갈등을 일으키고 싶지 않아 자기표현을 잘 하지 않는다. 그러므로 스트레스가 내적으로 쌓일 수밖에 없는 유형이다. 두 번째 높은 점수는 1번 유형은 사회성과 교류 관계 점수 2점을 주었는데, 질서정연하고 모범적인 사람이다. 3번 문항 '교류 관계'에서는 가르치려는 경향으로 9번 유형의 교류 관계와 서로 상반되는 것으로 내적인 갈등으로 스트레스가 쌓일 수 있다. 그리고 2번 유형의 조언을 아끼지 않는 것은 서로 비밀을 털어놓을 수 있는 아주 가까운 특별한 존재가 되고 싶어 하지만 가장 기본적인 두려움은 사랑받지 못한 것과 다른 사람들이 자신을 원하지 않는다는 것에 대한 심리적인 갈등으로 대인관계의 함정에 빠져 있다.

(2) 어린 시절 사전검사 분석

연구 참여자의 대인관계에서 탐색된 성격적 특성이 어린 시절 도식과 어떻게 연결되어 있는지 부모의 양육방식 또는 경험에서의 좌절이 성격 형성에 어떤 영향을 주었는지 분석한다.

〈표 18〉 두 번째 범주 어린 시절 사전검사

유형	감정형(愛)			사고형(想)			의지형(行)		
문항	2유형	3유형	4유형	7유형	6유형	5유형	8유형	9유형	1유형
5	2	-1	2	0	2	-2	2	1	-1

연구 참여자는 어린 시절의 높은 점수는 '2번, 4번, 6번, 8번' 유형에 각 2점을 주었다. 어린 시절은 2번 유형은 가족들의 희망이나 필요를 알고 그들이 원하는 것을 해 줌으로써 행복해하였다. 4번 유형은 어린 시절 무엇인가 결핍이 있으면 안으로 움츠러드는 경향이 있다. 6번 유형은 가족의 일관성 없는 양육 환경을 보여 주는 것으로 해석할 수 있다. 8번 유형은 아버지로부터 거절의 아픔이 있을 수 있다. 9번 유형의 1점은 나는 원하지 않는 경우라도 상대방이 원하면 따르는 경향이 있다. 3번 유형의 -1점은 어린 시절에 칭찬이 결핍된 상황이다. 1번 유형의 -1점은 주장을 할 수 없었다고 해석한다. 내담자의 어린 시절은 자기 내면에 갇혀 있으며 가족관계에서도 위축된 취약한 상태라고 말할 수 있다.

(3) 자아개념 사전검사 분석

이 단계는 연구 참여자의 스트레스의 원인을 찾는 과정이다. 현재를 중심으로 내가 누구인지, 무엇에 집착하는지 문제에 대한 심리적인 요인인 생각·감정·욕구를 탐색하여 무엇이 중심적인 역할을 하는지 알아볼 수 있다.

〈표 19〉 세 번째 범주 자아개념의 사전검사

유형	감정형(愛)			사고형(想)			의지형(行)		
문항	2유형	3유형	4유형	7유형	6유형	5유형	8유형	9유형	1유형
6	2	0	2	2	2	2	2	1	2
7	-1	2	-2	-1	-2	2	-2	-2	0
8	2	0	1	-1	-2	2	2	-2	2
합계	3	2	1	0	-2	6	2	-3	4

자아개념의 사전검사는 6번 문항, '생각/신념' 7번 문항 '욕구/갈망', 8번 문항 '감정/느낌'의 결과이다. 이에 6번 문항의 2번 유형부터 1번 유형까지 전체적으로 점수의 분포도가 높은 경향으로 각 유형의 생각/신념을 쓰고 있다. 특히 2번, 4번, 6번 7번, 5번, 8번 유형이 각 2점씩으로 사랑받기 위해서는 먼저 주어야 하고, 민감하고, 다른 사람보다 독특한 성향을 지니고 있으며, 다양한 계획으로 바쁘다. 실수를 방지하기 위해 정보를 모아야 하고 이에 스트레스 상황으로 몰리면 거칠어지고 다른 사람들의 실수를 잘 지적할 수 없다. 그러므로 원칙을 지키려는 성향이며 끊임없이 일하는 성향으로 지쳐 있는 경우로 보였다. 특히 감정의 소모가 클 것으로 보인 것은 5번 유형의 세 영역 모두 2점으로 정보를 모으고 체계화하고 그것을 다듬는 데 많은 시간을 소모하고 있다. 이에 7번 문항 갈망/욕구는 목표가 높아서 끊임없이 일하는 상황으로 지쳐 있다.

(4) 역동 사전검사 분석

이 단계는 연구 참여자의 스트레스 상황에서 자신이 어떻게 행동하는지 알아차리지 못한 경우가 있을 수 있다. 그것은 성격유형에 따라 다르기 때문이다. 이에 역동(대응행동)을 탐색하여 본인의 성격적인 위기와 변화 과정을 알고 대응하는 힘을 키운다.

유형	감정형(愛)			사고형(想)			의지형(行)		
문항	2유형	3유형	4유형	7유형	6유형	5유형	8유형	9유형	1유형
9	0	0	1	2	0	-2	2	2	1
10	0	1	1	-2	-2	-1	1	-2	1
11	2	1	1	1	0	-2	-2	-2	1
합계	2	2	3	1	-2	-5	1	-2	3

역동의 사전검사는 스트레스 상황에 놓이면 감정형의 2번, 3번, 4번 유형의 대처 행동을 많이 하는 것으로 나타났다. 때로는 자유를 즐기고 싶어 하며 주목을 받기 위해 끊임없이 일하지만 진정으로 무엇을 원하는지 잘 모르는 경향이 있으며 이에 이성과 감정 사이에서 혼란을 겪을 수 있다. 따라서 이성적일 때는 사색적이지만 한번 감정에 빠져들면 존재의 느낌마저 끊어 버리는 경향이 있으며 의지형의 1번 유형의 점수 또한 있으므로 다른 사람들에게 일을 맡기지 못하고 부드럽고 섬세하지만 완고해지면 타협을 잘 못 한다. 그래서 스스로 엄하게 자책하여 결과적으로 무기력해지는 경우로 나타났다. 그리하여 현재는 스트레스 상황으로 불안·긴장·두려움을 느끼고 있는 것으로 확인되었다.

(5) 본질과 성장 사전검사 분석

다섯 번째 이 단계는 에니어그램 성격유형 분석 마지막 단계로 본질과 성장이다. 첫 번째 범주부터 성격적 특징을 탐색하여 스트레스의 문제와 원인을 알고 해소함으로써 본질로 향하는 길이다. 본질은 가장 근원이 되는 자신과 본질적인 자아, 우리 안에 있는 존재의(Being) 근본을 의미한다.

<표 21> 다섯 번째 범주 본질과 성장 사전검사

유형	감정형(愛)			사고형(想)			의지형(行)		
문항	2유형	3유형	4유형	7유형	6유형	5유형	8유형	9유형	1유형
1	2	1	2	2	1	2	1	2	2
12	1	-2	-1	1	-2	0	-2	1	0
합계	3	-1	1	3	-1	2	-1	3	2

문항 1번이 본질이고 문항 12번은 성장 방향이다. 연구 참여자의 본질은 감정형·사고형·의지형 모두를 본질로 나아가고자 하는 이상적인 성격유형의 소유자이다. 따라서 성장 방향으로 나아가고자 한다면 몇 가지 해결해야 할 성격적 과제가 있다. 첫째, 2번 유형의 순수한 사랑을 베풀 수 있는가. 둘째, 4번 유형의 특별한 영감과 기쁨을 찾을 수 있는 것인가, 셋째, 7번 유형의 삶에서 충만한 기쁨을 느끼는가, 넷째, 5번 유형의 내면의 깨달음과 신령스러운 앎이 있는가, 다섯째, 9번 유형은 평화롭고 조화로운 삶을 즐기는가. 또한 여섯째, 1번 유형의 힘든 상황 속에서도 이상을 실현하고자 하는가이다. 연구 참여자의 본질 방향은 다양하게 모든 것을 다 이루기 위해 노력하고 있는 것으로 나타났다. 반면 연구 참여자는 흔히 추구할 수 있는 모든 영역에서 본질을 이루고자 하는 비현실적인 이상을 꿈꾸는 현실적인 한계가 있는 것으로 본다. 그만큼 스트레스가 많은 것으로 해석할 수 있다.

이에 성장 방향을 살펴보면 2번 유형에서 필요를 요청할 수 있어야 하며, 7번 유형은 여러 가지 일을 동시에 하고자 하는데 성장하려면 하나씩 마무리하면서 다음 문제해결을 해야 한다. 그리고 9번 유형의 평화롭고 조화로운 삶을 영위하기 위해서는 상대방에게 나의 존재와 필요를 주장하여야 한다.

4) 에니어그램 성격유형 사후검사 분석

에니어그램 성격유형에서 사후검사 결과를 살펴보면, 주 성격은 그대로이지만 돕는 사람인 2번 유형의 사전검사 14점에서 사후검사에서는 4점으로 10점이나 줄었고 보조 성격 1번 유형은 13점에서 0점으로 13점을 줄였다. 4번 유형은 8점에서 0점으로 줄이면서 주 성격과 보조 성격, 각 성격유형의 점수들과 차이를 줄이면 완만한 그래프를 나타낸다. 그 이유는 주 성격이 두드러지지 않고 서로의 조화롭게 안정적으로 성격의 변화가 있었기 때문이다. 연구 참여자는 명상상담 개입을 통해 주 성격 2번 유형의 건강한 방향으로 향하고 있으며 보조 성격 1번 유형도 조화로운 변화를 보여 주고 있다.

특히 보조 성격이 4번에서 5번 유형으로 바뀌었다. 그동안 불건강한 4번 유형으로 고립을 선택하고 움츠러들고 부정적인 감정을 오랫동안 갖고 있었다. 보조 성격이 5번 유형으로 바뀌었다는 점은 명상상담 치유를 통하여 건강한 본질로 향하는 자신의 내면을 탐색한 결과 연구 참여자 스스로 통찰하여 치유가 이루어진 것으로 본다.

그리고 1번 유형의 점수도 낮아졌다. 강박이나 완벽 성향이 자신을 수용하고 마음을 여는 것을 통하여 긴장을 유연하게 풀어 가는 능력이 향상되었으며, 자신을 돌보는 지혜가 생겨난 것이다.

주 성격 2번 유형의 치유는 내면의 자신을 치유해야 한다는 것이다. 자신을 잘 돌보고 자신의 필요에 집중하며 거절이나 필요를 요청할 수 있는 것을 배울 때 자신이 만족스러운 대인관계를 맺을 수 있다. 연구 참여자의 성격유형 변화는 스트레스 대처를 위한 에니어그램 활용 명상상담의 가장 큰 의미라 할 수 있다. 변화 과정은 다음 〈표 22〉와 같다.

〈표 22〉 에니어그램 성격유형 사전, 사후검사

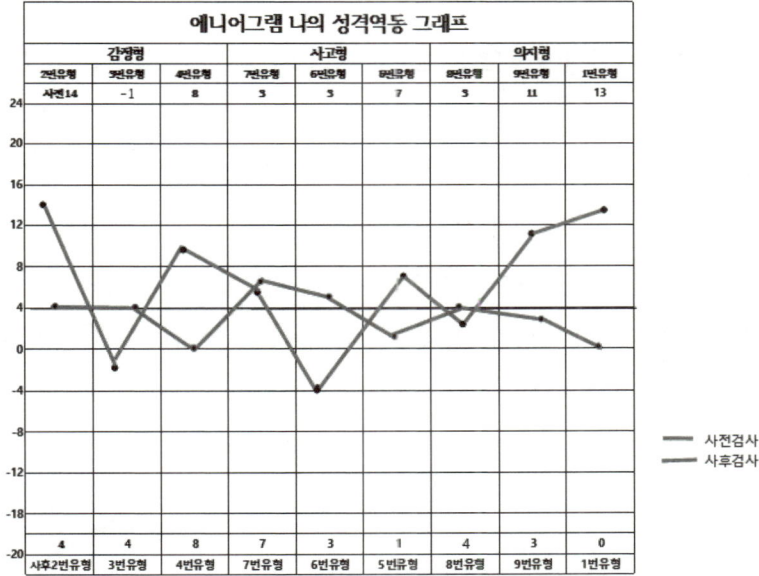

(1) 대인관계 사후검사 분석

에니어그램 성격유형의 5범주 중 첫 번째 범주인 대인관계 변화 과정을 살펴보면 사후검사 결과는 다음 〈표 23〉과 같다.

〈표 23〉 첫 번째 범주 대인관계 사후검사

유형	감정형(愛)			사고형(想)			의지형(行)		
문항	2유형	3유형	4유형	7유형	6유형	5유형	8유형	9유형	1유형
2	1	0	0	0	0	1	0	1	1
3	0	0	1	0	0	0	1	1	0
4	0	0	0	0	0	0	0	1	0
합계	1	0	1	0	0	1	1	3	1

사후검사의 가장 큰 변화는 9번 유형 대인관계 점수가 2점을 주었던 2번 문항 '사회성', 3번 문항 '교류관계', 4번 문항 '애착 정도' 점수가 각각 1점을 나타내고 있다. 2번 문항 '원만한 인간관계를 중시한다', 3번 문항 '어렵고 힘든 상황에 묵묵히 말하지 않고 그냥 지나간다', 4번 문항 '상대방이 원하는 대로 맞추다가 우울해진다' 이들 세 문항의 낮아진 점수로 보아 대인관계 대처능력이 향상되었음을 보여 주는 좋은 사례이다. 또한 1번 유형 2번 문항 '질서정연한 모법적인 사람', 3번 문항 '다른 사람을 가르치려 한다'의 사후점수가 낮아져 일처리의 완벽성을 유연하게 대처하는 방식으로 전환하여 심리적 안정감을 가져온 것으로 본다.

2번 유형을 살펴보면, 연구 참여자는 본래 타인 중심적인 대인관계에서 거절이나 필요를 직접 표현하고 요구하는 데 어려운 점이 있었다. 사후검사에서 이러한 부분들이 개선이 되어 위축되었던 대인관계가 전체적으로 원활한 소통이 가능하게 되었다. 이에 스트레스의 원인이 되

에니어그램 명상상담 전략

었던 긴장·좌절·우울 점수들도 유의미하게 낮아진 것은 스트레스 사후검사 결과에서 확인할 수 있었다.

(2) 어린 시절 사후검사 분석

어린 시절의 결핍된 정서 즉 초기부적응도식이 현재 대인관계 영향을 미쳤으며 스트레스의 근본이 되었던 좌절된 욕구를 명상상담을 통하여 그때 좌절된 경험을 직면하여 변화과정은 다음 〈표 24〉와 같다.

〈표 24〉 두 번째 범주 어린 시절 사후검사

유형	감정형(受)			사고형(想)			의지형(行)		
문항	2유형	3유형	4유형	7유형	6유형	5유형	8유형	9유형	1유형
5	0	-1	0	0	0	-1	0	1	0

연구 참여자의 어린 시절의 사후검사는 큰 변화가 있다. 특히 2번, 4번, 6번, 8번 유형에서 사전검사와 비교한 결과 큰 변화를 나타냈다. 2번, 4번, 6번, 8번 유형에서 모두 0점을 주면서 어린 시절의 정서적인 결핍으로 인하여 움츠러드는 경향들이 사후검사에서는 정서적 결핍에서 벗어난 것으로 의미가 크다고 볼 수 있다. 어린 시절 좌절된 욕구의 치유를 통해 가장 큰 변화는 직장 내에서 스트레스를 덜 받는다는 것이다. 좌절된 욕구가 해소되었기 때문이다.

(3) 자아개념 사후검사 분석

자아개념에서 연구 참여자의 감정, 사고, 의지 사후검사 결과의 변화 과정은 다음 〈표 25〉와 같다.

〈표 25〉 세 번째 범주 자아개념 사후검사

유형	감정형(愛)			사고형(想)			의지형(行)		
문항	2유형	3유형	4유형	7유형	6유형	5유형	8유형	9유형	1유형
6	0	1	0	0	1	2	0	0	1
7	0	1	-1	-1	-2	0	0	-1	1
8	2	2	0	-1	-2	0	1	1	0
합계	2	4	-1	-2	-3	2	1	0	2

자아개념의 사후검사 결과에서 생각/신념은 다른 유형들은 각각 점수가 균형을 이루고 안정적인 패턴을 보여 주며, 3번 유형의 점수가 -1에서 +4점으로 높아져 성취하고자 하는 의지를 보여 주므로 목표에 맞추어 효과적으로 일을 하며, 또한 7번 문항의 욕구/갈망인 1번 유형은 특히 규칙을 어기는 사람을 보면 화가 난다고 했지만 사후검사에서는 거의 화가 나지 않고 수용적인 태도로 변화한 것으로 확인하였다. 5번 유형에서 정보를 모으고 체계화하고 정보가 있어야만 이성적인 결정을 내린다고 생각하며 그것을 다듬는 데 많은 시간을 들였으나, 사후검사에서는 4점을 줄이면서 일 중심에서 벗어나려는 의지를 보여 주었다.

(4) 역동 사후검사 분석

역동(스트레스) 변화 과정은 사후검사 결과는 다음 〈표 26〉과 같다.

〈표 26〉 네 번째 범주 역동 사후검사 결과

유형	감정형(愛)			사고형(想)			의지형(行)		
문항	2유형	3유형	4유형	7유형	6유형	5유형	8유형	9유형	1유형
9	-1	-1	0	1	0	-1	0	0	-1
10	0	1	0	-1	-2	0	-1	-1	0
11	0	0	-1	0	0	-1	-1	0	0
합계	-1	0	-1	0	-2	0	-2	-1	-1

역동의 사후검사 결과에서는 감정형의 점수가 +7점에서 -2점으로 낮아져 감정의 변화에 따른 스트레스 상황 속에서 벗어나 있음을 확인하였다. 의지형의 또한 합계 +2점에서 -4점으로 낮아져 있어 다른 사람과 협동하면서 불안·긴장·두려움에서 대응행동의 감정과 행동의 모순점을 알고 위기상황에서 벗어나 있다.

(5) 본질과 성장 사후검사 분석

본질과 성장 방향으로 연구 참여자의 성장방향을 알 수 있는 결과는 〈표 27〉과 같다.

유형	감정형(愛)			사고형(想)			의지형(行)		
문항	2유형	3유형	4유형	7유형	6유형	5유형	8유형	9유형	1유형
1	1	0	0	0	1	1	0	1	1
12	1	-2	-1	0	-2	0	-1	-1	-1
합계	2	-2	-1	0	-1	1	-1	0	0

본질과 성장의 사후검사 결과에서 보여 주듯 사전검사에서 보여 주는 본질의 다양성을 걷어 내고 명료화 작업을 통하여 합리적인 본질과 성장 방향의 합계 점수가 가장 높은 2번, 다음으로는 5번 유형의 핵심 성장 방향이 도출되었다. 순수한 사랑을 베풀고 내면의 신령스러운 앎이 중요한 방향인 것이다. 성장 방향으로 나아가기 위해서는 가장 핵심적인 근원적 해결은 적절하게 나의 필요를 직접적으로 표현하고 요구하며 생각보다 행동으로 실천하여야 함을 확인하였다. 이에 명상상담 개입으로 하지 못했던 주장 연습, 적절한 요청하기 등 역할극을 통해 직면하여 명료화 작업을 함으로써 변화를 확인하였다.

3. 에니어그램 명상상담 분석을 통해 관찰된 변화

1) 상담 후 목표 달성 정도

본 상담은 첫째, 심리적 안정감, 둘째, 긴장의 완화, 셋째, 대인관계 개선을 목표로 진행하였다. 연구 참여자의 자기 보고식 평가를 통해 목표 달성 정도를 살펴보았다. 각각의 목표 달성 정도는 다음 〈표 28〉과 같다.

〈표 28〉 상담 목표 달성도

상담목표	1~4회기	5~8회기
1. 심리적 안정감	불안함, 슬픔, 무서움 90% 감소	지겨움. 지침, 압박감 80% 감소
2. 긴장 완화	편함, 외로움 70% 감소	체념 80% 감소
3. 대인관계 개선	긴장, 무서움 90% 감소	거절, 요청 못 함 70% 감소

첫째, 에니어그램 성격유형의 탐색과 명상상담의 개입으로 대인관계에서 오는 스트레스의 원인과 스트레스가 낮아지는 것에 초점을 두고 어린 시절의 좌절된 욕구가 미해결된 상태로 현재의 대인관계에 영향을 미치는 내면아이 치유를 통해 변화 과정을 알 수 있었다. 한편 성격유형 분석을 통한 스트레스에 영향을 미치는 성격적 특성을 분석을 통하여 연구 참여자는 자신을 이해하게 되었고 스트레스에서 벗어나 마음의 편안함과 함께 심리적 안정감을 가져오게 되었다.

둘째, 긴장이 감소하였다. 긴장과 무서움이 명상상담 개입 후에는 90%가 감소하여 지금은 스트레스가 거의 없다. 연구 참여자는 명상상담을 통해 핵심 감정인 긴장·불안·무서움을 만나도 대처하는 힘이 향상되었고 요청이나 행동에 자신감이 생기면서 스트레스가 감소되었다고 하였다. 긴장·무서움의 감정에 대한 통찰이 이루어져서 이제는 스트레스 관리를 스스로 할 수 있는 힘이 생긴 것이다.

셋째, 대인관계가 좋아졌다. 마음이 안정되어 직장에서의 불편함이나 외로움이 거의 없어져 관계가 개선되어 이제는 '내가 있을 곳이야'

생각하며 불편한 마음이 없이 직장이 편안하다고 보고하였다.

2) 에니어그램 명상상담 경험에 대한 내담자의 진술

(1) 에니어그램 명상상담이 당신에게 어떤 경험을 가져다주었는가?

나 자신을 새롭게 이해하게 된 경험을 했다. 현재 내가 겪고 있는 고통과 어려움이 어디에 기인하는지 파악하고 그 순간으로 되돌아가 그때 내가 겪었던 고통의 자리에서 충분히 나의 감정과 상태를 확인하고 깨닫고 어루만졌을 때 현재의 내가 행복해질 수 있고, 나 자신이 나에게 든든한 존재가 될 수 있다는 경험을 했다.

그리고 내가 나를 돌본다는 의미가 현재 상태를 잘 유지한다는 것에 한정되는 것이 아닌, 총체적인 존재로서 나를 돌본다는 것임을 알게 되었다. 나 자신에 대한 지식적인 앎이 나의 존재를 통해 가는 이해의 영역으로 확장되었다. 상처받은 자리에 머물며 자라지도 못하고 나 스스로에게도 잊힌 채 고통스러워하는 어린 나를 만나는 경험은 굉장히 값지고 소중했다. 명상상담을 통해 과거의 상처받은 구체적인 순간으로 돌아가 자라지 못한 아이를 보듬는 일은 현재의 나 역시 돌보는 일임을 알게 되었다. 나 자신을 바라보는 시각을 넓혀 주었고 미처 돌봄 받지 못한 어린 나를 돌보며 나를 통합해 나간다는 기쁨이 있었다. 더 작업하고 싶다는 열망을 갖게 했다.

호흡과 함께 어린 순간으로 돌아갈 때 (작업에 대한 거부감이 아니라) 그때 겪는 아픔이나 고통, 두려움이 큰데 상담사 선생님의 동반이

따스하고 좋았다. 무척 도움을 많이 받았다.

(2) 스트레스와 본인 성격과의 관계는 어떠한가?

안전/안정 욕구가 큰 나는 내가 안전할 수 있도록 '확고한 나의 자리'를 만들고 싶어 한다. 이 갈망은 어린 시절 엄마와의 관계에서 시작했지만, 근본적으로는 사랑받고 싶은 존재에게 사랑받을 수 없어 겪는 고통이다. 역설적이게 감정을 받길 원하지만, 정서적인 측면에서는 충족할 수 없을 것 같아(정서적인 관계에서 나는 누군가에게 이인자일 것 같다는 생각이 지배적이다) 일 측면에서 나의 자리를 만들고 싶어 한다. 지나치게 노력하고 애쓰기 때문에 잘 지치고 무기력함에 빠지곤 한다. 스트레스를 받으면 정서적인 부분을 차단하고 더더욱 일에 빠지게 되는데 어떤 과제를 성취한다고 해도 기준이 높아 만족하지 못하고 자신을 비난, 비하하기도 한다. 이는 바닷물을 마시는 것과 같이 벗어나지 못하는 굴레에 빠진다. 신체화 증상도 가지고 있다. 이번 상담을 통해 스트레스의 시작점을 알게 되어서 감사하고 기뻤다.

(3) 에니어그램 명상상담을 통한 변화 과정

과거의 여러 시점에 놓인 나를 만나는 것에 두려움이 없어졌다. 상처받았지만 돌봄을 받아 씩씩해진 어린 나는, 또 다른 상처받은 어린 나를 소개해 준다. 현재 내가 겪는 고통이 해결될 수 있을 거란 희망을 갖게 했다.

(4) 경험 중 무엇이 당신을 변화하게 했다고 생각하는가?

명상으로 내면아이를 만난 뒤 현실의 내가 심리적으로 건강하게 살아가기 위한 방법을 모색하는 데 사용된 에니어그램 명상상담 전략이 온정적이고 긍정적이며 현실 적응적이라는 생각이 들었다.

(5) 그 경험이 당신에게 미친 영향은 무엇인가?

① 어떤 점이 좋았는가?

'나의 필요와 존재를 상대방에게 요구 주장하기'라는 구체적인 말을 발견할 수 있어서 좋았다. 내가 속한 유형은 감정형이고, 깨달음과 앎에 대한 추구가 나의 본질이다. 감정적·정서적으로 안전하지 못하다고 느끼면 역동적으로 생각만 하게 되는데 이 생각은 앎에 대한 추구로서의 생각이 아니라 감정과 관계를 단절·유리시키는 생각이라 나의 본질을 향할 수 없도록 방해했었다. 그래서 나는 생각을 멈추고 부딪쳐야 하는데 '어떻게' 해야 하는지 알 수 있게 해 주는 문장이 바로 '나의 필요와 존재를 상대방에게 요구 주장하기'라는 것이다. 이런 식으로 나를 이해할 수 있게 도와줘서 참 좋았다.

② 에니어그램 명상상담이 당신에게 불편한 점은?
그 점은 어떻게 극복했는가?

딱히 불편했던 점은 없었다. 다만 에니어그램에 대한 지식과 이해가 낮아 주 성격과 보조 성격이 내가 사용하는 것임은 알겠는데 이게 다른 유형과 어떤 연관성이 있는지 잘 모르겠다. 어떤 유형으로 나아가야 하는 개념인지, 현재 내가 심리적으로 건강한 상태인지 확인할 때 다른 유형과의 상관관계를 보면 알 수 있는 건지 모르겠다. 상담 말미에 에니어그램 검사 결과지를 보면서 상담사 선생님께서 나의 본질, 성장할 수 있는 방향을 구체적으로 이야기해 주셔서 현재 나의 상태에 관한 점만 제대로 이해했다. 에니어그램에 대한 이해는 나의 성격유형을 알게 되어 현재 내가 심리적인 어떤 상태에 놓여 있는지를 알게 되었다. 내가 한 명상상담이 에니어그램에 기반한 상담이라서 심리적인 부분을 알 수 있어서 좋았다. 명상상담 중에 에니어그램을 활용한 성격유형까지 알게 되었고 그에 맞추어 대인관계, 어린 시절, 자아개념, 역동, 성장 방향까지 한눈에 볼 수 있다는 것과 성격유형과 연결하여 명상상담이 이루진 것에 대한 놀라움이다.

3) 에니어그램 명상상담의 성과

(1) 대인관계 스트레스를 경험하는 30대 여성에게서 나타나는 에니어그램 성격유형의 특징

대인관계 스트레스를 경험하는 30대 여성을 에니어그램 성격분석 하여 얻은 성과는 다음과 같다.

첫째, 대인관계 개선으로 회피나 의면하지 않고 문제 해결의 능력이 향상되었다.

둘째, 내면아이 치유로 어린 시절의 좌절된 욕구를 충족함으로써 건강한 아이로 변화했으며 심리도식의 발달된 기원은 탐색과 분석으로 치유를 거쳐 고통으로부터 벗어났다.

셋째, 자아개념은 감정·생각·욕구 등의 탐색으로 연구 참여자의 주된 감정이 무엇인지 자각하도록 도와 그 감정의 변화과정을 통해 감정 조절하는 능력이 향상되었다.

넷째, 역동 즉 스트레스에 대한 대처행동·위기·모순 등을 탐색하여 스트레스 상황에 대처하는 능력을 향상함으로써 스트레스에서 벗어날 수 있게 되었다.

다섯째, 본질과 성장으로 '대인관계, 어린 시절, 자아개념' 등의 탐색과 분석을 통하여 명료화함으로써 본질을 알고 성장으로 향하게 되었다. 특히 연구 참여자 자신을 이해하게 된 동기가 되었다.

(2) 대인관계 스트레스를 경험하는 30대 여성의 명상상담 소감

이상 에니어그램의 성격유형의 감정형·사고형·의지형의 세 유형으로 분류 탐색 분석에 기반한 명상상담 개입으로 진행한 결과 상담의 성과는 각 회기별 소감문을 근거로 정리하였다. 성과는 다음 〈표 29〉와 같다.

〈표 29〉 상담의 성과

회기	범주	주 호소	심리적 변화	척도 변화
1	대인관계	직장에서 불편함	자신을 따뜻한 눈으로 바라보게 됨	긴장 90% 현재 0%
2	어린 시절	학교에서 혼자 숨어 다님	내가 다가감	외로움 80% 현재 10%

에니어그램 명상상담 전략

3	도식 (가혹한 기준)	높은 기준으로 만족 어려움, 끝없는 일	(칡덩굴)에서 말끔히 정리	지겨움 70% 현재 20%
4	사회적 고립	혼자가 좋음	가족이 있어 좋음	무서움 90% 현재 20%
5	복종, 자기희생	어깨가 무거움	가벼움	슬픔 70% 현재 0%
6	자아개념	넌 안 돼, 그럼 그렇지	실체가 없는 소리에 휘둘림을	체념 80% 현재 10%
7	역동	만성피로 누적자, 펑크 난 타이어	나를 돌봄, 커피 한잔의 여유	지침 100% 현재 20%
8	본질과 성장	필요한 것 요청하는 연습	가벼운 것 거절에 대한 불편함 없애기	머쓱함 70% 현재 10%

(3) 에니어그램 명상상담 전략은 연구 참여자에게
어떤 영향을 주었는가

명상상담 경험을 통해서 연구 참여자는 자신 안에 든든함이 존재한다는 것을 알게 되었다. 첫째, 대인관계의 불편한 스트레스는 스스로 만들었다는 것을 자각하게 되었다. 스트레스 상황에 놓이면 어찌할 바를 모른다고만 생각했는데 명상상담을 통해 직면하면서 모양·크기·이름도 붙여 주고 머물러 지켜보면서 그것들이 사라진다는 것을 알게 되었다. 어린 시절 좌절된 욕구들이 미해결 상태에서 현재까지 영향을 미치면서 적절한 대처를 못 하고 있다는 것을 알았다. 또 잃어버린 아이가 있는 줄도 모르는 내면아이를 찾아 성장시킬 수 있었다.

둘째, 부적응적인 감정의 외면과 회피로 두통이나 소화불량도 자주 일어나게 된다는 것을 알아차림했다. 목표가 능력에 비해 너무 높다는 것을 알았다. 자아개념에서 핵심신념인 '넌 안 돼', '네가 그럼 그렇지', '고지식한 고집쟁이' 등의 존재가 실제 자신인 것처럼 꼼짝없이 족쇄처럼 붙들려 있는 자기개념들은 허상이며 존재하지 않는다는 것을 알게 되었다.

셋째, 필요를 직접 표현하고 요청이 가능하다는 것을 알고 자신의 존재와 필요를 주장할 수 있었다. 내 안에 신령스러운 앎이 있다는 것을 알게 되어 자긍심이 생겼다. 즉, 본질을 찾은 것이다.

V. 논의

에니어그램 활용 명상상담 경험에 관한 사례 연구로 성격유형과 명상상담이 대인관계 스트레스를 경험에 대한 도움이 되는 것은 어떤 것인가. 연구 참여자에게 어떤 영향을 주었는가. 본 연구에서 단일사례 연구로 연구문제의 답을 찾는 과정에서 나타난 몇 가지에 대하여 다음과 같이 논의하고자 한다.

첫째, 연구 문제 '에니어그램을 통한 연구 참여자의 성격유형 특징은 어떠한가'에 대해 논의하자면 다음과 같다. 연구 참여자의 에니어그램 성격유형은 주 성격 2번 유형과 보조 성격 4번 유형, 1번 유형, 네거티브 6번 유형이다. 주 성격의 특징은 건강할 때는 돕는 사람이며 실제로 그렇게 하므로 가치 있는 사람이라 여긴다. 그러나 건강을 잃고 약해지면 거칠어지면서 소유욕이 강해진다. 보조 성격 4번 유형은 자신이 특별하지 않고 어떤 결함이 있다고 믿는다. 또한 1번 유형은 에너지 방향이 내면을 향하여 본능적인 충동에 저항하고 억압하여 자신의 감정을 억제한다.

연구 참여자는 자신의 주장이나 필요를 요청하지 못하고 거절을 못하는 스트레스가 쌓이는 상황에 놓여 있었다. 에니어그램 성격유형 사전검사에서 불건강한 측면이 강하게 나타났다. 그리하여 스트레스의 특성과 '스트레스의 원인과 스트레스의 증상', '발달사적 취약성', '대인 관계 문제' 2범주로 분류하고 하위개념으로 스트레스 특성과 요인 분석을 하였다. 이에 에니어그램은 5범주의 성격적 특징의 분석과 분류에 바탕을 두고 연구 참여자의 스트레스의 특징을 분석했다.

　연구 참여자의 스트레스 특징 중 내적 요인은 발달사적 취약성의 원인으로 회피, '난 안 돼', '네가 뭘 하겠어', 그러므로 '열심히 해야 해'라는 인지적 오류다. 그리고 낮은 자존감이다. 외적 요인은 대인관계 어려움으로 작용했다. 이러한 환경에서 연구 참여자는 스스로 가혹한 기준이 높아져 스트레스의 거대한 파도에 휩쓸려 조난당해 허우적거리는데 어느 누구 한 사람도 자신을 도와줄 것 같지 않은 불안과 긴장·두려움이다. 특히 대인관계에서는 자기표현, 자기주장을 전혀 하지 않는 모습을 보였고, 성격적 기질과 심리적인 발달 기원으로 부정적인 핵심신념이 있었다. 부모의 양육태도, 소외에 대한 예민함, 뭔가 잘해야 한다는 칡덩굴로 상징된 가혹한 기준, 이러한 이유로 직장, 친구들 사이에서 이질감을 느끼면서 스트레스는 점점 거대한 쓰나미가 되어 연구 참여자를 덮쳐 해변에 널브러져 지쳐 있다.

　연구 참여자는 에니어그램의 성격적 특징 분석과 명상상담을 통하여 자신의 성격적 특징을 알게 되면서 자신의 전반적인 성격을 이해하고 어떤 강점과 취약점이 있는지를 알고 자신을 조율할 수 있는 힘을 가질 수 있었다.

　두 번째 연구 문제는 '명상상담의 영상관법이 대인관계 스트레스 경험에 도움이 되는가'이다. 연구 결과, 연구 참여자는 회기 순서대로 영상관법의 명상상담 개입에 따라 회기마다 부정적인 감정, 사고, 의지,

몸의 느낌이 의미 있게 변화하는 것을 보여 주었다. 8회기를 종합해 본 결과 스트레스 경험, 에니어그램 성격유형 검사, 척도검사 모두에서 효과적인 영향을 미쳤다. 이것은 8회기 끝난 후의 인터뷰 면담에서 스트레스 증상은 거의 느끼지 않을 정도르 좋아졌다는 연구 참여자의 진술에서도 볼 수 있다. 또 연구 참여자으 부모닙들도 따로 생활은 하고 있지만 매일 퇴근하고 집으로 와서 저녁밥은 같이 먹는데 표정이나 행동을 보면 예전과 사뭇 다르다고 진술하였다. 예를 들면 귀가한 순간 부모님이 연구 참여자의 안색을 살펴보면 표정이 많이 밝아졌다는 것을 알 수 있었다. 연구 참여자의 자기표현이 많이 늘었으며 예전 없던 질문도 하면서 편안한 표정이다. 이것저것 관심을 보이면서 부모와의 관계도 예전에 비하면 훨씬 가까워진 느낌이다. 전에 없던 요구도 한다. 그리고 친구들과의 약속도 자주 잡그 대인관계가 활발해졌으며, 외출이 잦아졌다고 하였다.

연구 참여자의 스트레스와 성격유형 검사의 척도 점수가 대폭 낮아진 이유는 에니어그램 성격유형의 분석으로 연구 참여자의 성격적 특성을 충분히 분석하여 영상관법의 명상상담 개입 당시 주 호소 문제와 관련하여 연구 참여자의 감정 변화에 따라서 감정형, 또는 사고형·의지형 영상관법을 상황에 맞추어 적절하게 적용했기 때문이라고 할 수 있다. 즉 사례를 경청하고 사례 개념화를 통해서 연구 참여자에게 감정, 사고, 의지들을 도출해 낸다. 그중에서 가장 척도가 가장 높은 감정, 사고, 의지 등 핵심장면을 연구 참여자와 합의한 다음 한 컷의 장면을 골라서 영상관법을 실시한다. 명상 개입 중 감정·생각·갈망 등이 스치듯이 떠오는 경우가 있다. 그때를 놓치지 않고 즉 1회기 상담 개입 때 영상을 띄우는 중 호흡과 함께 머물러 지켜보는 순간에 생각하지 못했던 것이나 새로운 핵심감정과 생각이 나타날 수 있다.

예를 들어 사례 개념화에서 척도가 가장 높은 감정이 긴장이었는데 긴장을 걷어 내니 그 밑에 무서움이 도사리고 있다고 하여 바로 그 무서움을 호흡과 함께 판단을 멈추고 지켜보게 한다. 그 무서움은 바로 빛바랜 성적표였다. 그 성적표는 공부를 못했던 시절인데 그것을 누군가가 주워 자신을 평가할 것 같은 무서움이라고 말한다. 그 무서움의 척도에 집중하게 하고 척도가 낮아지면 다시 긴장을 바라보게 하여 통찰을 이끌어 낸다. 따라서 3회기 상담 개입 도중에 어린 시절 고모와 갈등 속에서도 내면을 바라보니 집에 가고 싶지 않은 자신을 알아차리고 순간 그때 못 했던 말을 하게 한다. '나 여기 있고 싶어요.' 연구 참여자는 말 못 할 줄 알았는데 말하게 함으로써 별것도 아닌데 그것을 못 해서 현재의 대인관계에 영향을 미쳤음을 통찰하게 한다. 그리고 생각이 떠오를 때는 그 생각을 중얼거리게 하여 생각의 변화를 끌어내기도 한다. 따라서 회기마다 원칙이나 규정에 얽매이지 않고 연구 참여자의 특성에 맞추어 유연하게 진행한 결과가 효과적이었다. 또한 내담자의 성격유형은 감정형의 특징으로 영상관법으로 심상이 잘 떠오르며 반면에 개방성과 민감성은 선천적으로 타고난 성격적인 기질 요인도 한몫한 것으로 볼 수 있다.

셋째, 명상상담 접근법을 적용하여 어떤 영향을 주었는가에 대한 연구 결과 명상상담은 연구 참여자가 과거의 미해결된 과제에 근거하여 감정과 접촉할 수 있도록 하고 회피하지 않고 지켜볼 수 있도록 했다. 먼저 감정형 영상관법 명상상담에서는 그때 당시로 돌아가서 그때

에니어그램 명상상담 전략

의 감정에 접촉해서 있는 그대로 그 경험에 직면하여 감정에 이름 붙이기, 감정의 척도·모양·색깔 등으로 표현하게 하면서 변화의 과정을 지켜보게 함으로써 몸 느낌도 함께 관찰하면서 호흡과 함께 지켜보기를 하였다. 그 결과 감정의 척도가 낮아지고 몸의 불편한 느낌이 없어지는 경험을 하게 된다. 이것은 어떤 감정을 억제하거나 회피하지 않는 명상법이다. 감정이 일어나면 그것을 충분히 느끼고 낮아지는 심리적 현상을 지켜보는 것이다. 그러므로 그 감정과 거리두기로 불편한 감정과 생각에서 해방될 수 있는 것이 영상관법 명상상담의 효과라고 볼 수 있다.

사고형 영상관법 명상상담에서는 핵심생각을 알아차리고 생각을 일으킨 판단과 평가를 멈추고 있는 그대로 바라보기를 한다. 그 결과는 고착된 생각으로부터 떨어져 지켜보기를 통해 생각이 중지되면서 통찰과 사고의 변화 과정이 일어난다. 이것은 개인적인 차이가 있을 수 있다. 또한 그 생각을 중얼거려 보는 것도 효과가 있었다.

의지형 영상관법 명상상담에서는 어린 시절 하고 싶은 말이나 행동을 해 보게 함으로써 어린 시절의 결핍된 정서 또는 좌절된 욕구들을 재양육하는 형태로 탐색하는 것이 효과적이었다. 인정받지 못했던 감정 때문에 잘못된 신념으로 형성돼 현재까지 대인관계의 어려움을 야기했다. 영상관법 명상상담을 통하여 연구 참여자가 이런 사실을 자신의 결함이 존재로 느끼는 것을 기다려 주고 알아차림하는 것이 효과적이었다. 과거의 상실된 부분을 영상관법 명상상담을 통해서 상처를 탐색하고 새롭게 재구조화하여 긴장이나 불안 다루기로 대인관계 개선에 도움이 됐으며 그런 신념들은 존재가 없는 허상임을 깨닫게 되어 통찰이 이루어지게 된 것이다.

그러나 어린 시절부터 오랫동안 억눌러 왔던 좌절된 욕구이기 때문에 신념을 찾아내어 행동의 변화를 이끌어 내기까지는 어려움으로 작용할 수 있다. 특히 사회적 고립의 도식에서는 어린 시절부터 혼자가 편안하고 안전하다는 신념으로 영상을 띄우고 고립의 상태에서 스스로 나오고 싶어 하지 않아 회기 중 가장 어려움으로 여러 차례 지켜보게 한 경우다. 영상관법 명상상담의 효과성은 심리적 치유 경험, 비합리적 사고가 합리적 사고로 전환, 좌절된 어린 시절, 즉 내면아이의 재양육을 통한 심리적 갈등 해소, 자기표현을 할 수 있는 적극적인 대응행동 등이 주효했기 때문이었다.

특히 상담 목표와 관련하여 연구 참여자는 대인관계의 개선과 긴장과 불안·우울 등이 감소되어 심리적인 안정감을 가져다주었다.

이에 선행연구를 살펴보면, 「에니어그램을 활용한 명상상담 프로그램 적용 사례 연구 -7번 성격유형을 중심으로-」 연구(권주희, 2022)도 미해결된 갈등의 주제를 영상관법을 통해서 억압된 감정, 왜곡된 사고와 갈망을 알아차리고 충분하게 머물러 호흡과 함께 지켜본 결과 본래 존재하지 않음을 통찰하게 되었다. 이것은 본 연구와 결과와 일치한다.

또한 마음 챙김 명상 프로그램이 유방암 환자의 스트레스 지각 대처 방식 및 반응에 미치는 효과성 연구에서는 스트레스 관리 프로그램으로서 명상의 임상 적용이 검증되었고, 스트레스 감소와 삶의 질이 향상되었음을 보고한 점은 의미가 있다고 할 수 있다(강광순, 2010).

레크리에이션 종사자의 에니어그램 성격유형과 직무 스트레스, 직무 만족도, 조직몰입의 관계연구(이성수, 2011)에서 에니어그램 성격유형은 직무 스트레스에 미치는 영향을 검증한 결과, 레크리에이션 종사자들의 에니어그램 성격유형이 직무 스트레스에 부분적으로 유의한 영향을 미치는 것으로 나타났다.

그러나 본 상담과 에니어그램 성격유형의 스트레스에 미치는 영향은 유사점이 있지만 영상관법 명상상담의 독특한 특징인 심층심리의 잠재의식을 표상으로 드러내어 근본적인 원인을 알고 고통을 해소한다는 점이 차이점이다. 에니어그램 성격유형에 따른 직무 스트레스와 만족에 관한 연구(윤기명, 2009)에서는 성격유형이 감정형 일수록 대인관계와 직무 스트레스가 가장 높은 것으로 나타난 것은 본 연구의 맥락과 일부 일치하는 점이다.

본 연구에서도 에니어그램을 활용하여 영상관법 명상상담이 스트레스를 경험하는 연구 참여자에게 유의미하게 효과가 확인하였다. 또한 자기 돌봄 연구(최연희, 2018)에서 상담자의 자기 돌봄과 소진/공감 피로의 관계 속 마음 챙김과 자기자비의 역할에 관한 연구에서는 상담자 입장에서 내담자와 치유의 과정을 함께하면서 만족을 얻기도 하지만 한편으로는 반복적인 스트레스로 인해 심리적 소진과 공감의 피로를 경험하게 된다.

상담이라는 직무 특성상 많은 심리적인 어려움에 처하기 쉬운 상담자가 자신의 정신건강 유지를 위해 자기 자신을 돌봐야 하는 중요성을 강조하고 있다. 자신은 돌본다는 것은 본 연구와 일부 일치하는 점이다. 다만 차이점은 상담자와 내담자 간 상반되는 위치이며 연구 참여자는 어린 시절 좌절된 욕구들을 알아차리고, 머물러서 지켜보면서 마음의 평정으로 자신을 돌보는 것이다.

그리하여 연구 참여자는 명상상담을 통하여 자기통합을 이루어 가는 과정이라고 말할 수 있다. 성격유형의 분석과 명상상담으로 자기통찰로 과거의 상처받은 구체적인 순간으로 돌아가 자신의 좌절된 욕구나 부정적인 핵심신념은 실체가 존재하지 않은 허상이라는 것을 깨닫게 되면서 자아통합, 즉 자기실현이 이루어졌다는 것은 의미 있는 결과라 할 수 있다.

따라서 이은미(2022)의 「융의 그림자 이론과 자기실현을 바탕으로 한 무용창작작품 「With Ugly Duckling」의 예술적 특성 연구」에서 자기통합은 그림자에 대한 억압이 사라지고 타인에게 투사된 그림자에서 자신의 모습을 발견함으로써 자기 성장으로 나아가는 과정이다. 이처럼 심리치유의 기제를 예술로 자기통합을 표현하였다는 점은 본 연구와 유사한 점이다.

그러나 본 연구는 부정적인 핵심 감정을 호흡과 함께 지켜보면서 판단과 평가를 하지 않고 생각, 감정, 갈망 등을 있는 그대로 바라보며 문제가 무엇인지 의식의 자각 과정을 통해 자기를 찾아가는 것은 유의미한 차이점이라 할 수 있다.

그렇다면 연구 참여자에게 일어난 긍정적인 변화요인은 무엇인가. 에니어그램 성격적 특성인 감정형 주 성격 2번 유형은 감정이입을 잘 하며, 보조 성격 4번 유형은 예술가적인 면모로 특별하게 영상관법 명상으로 이미지를 띄워서 내면에서 일어나는 감정적인 변화와 미해결된 문제들을 알아차리고 머물러서 지켜보면서 통찰, 수용, 안전한 공간에서의 마음 현상에 온전히 몰입하는 특성이 있어 명상에 쉽게 접근할 수 있었고 효과성을 극대화할 수 있었다. 또한 ○○기관에서 5년간 매일 영적 작업을 해 왔던 터라 명상의 접근성이 좋았던 점도 장점으로 작용하였다.

사례 연구에서 영상관법 명상상담의 개입이 스트레스의 경험에 도움이 되는 것과 관련하여 미치는 영향은 다음과 같다. 연구 참여자의 스트레스 증상으로 대인관계의 불편함으로 1회기 영상관법 명상상담은 현재의 심리적인 감정·생각·갈망을 다뤘고, 2~4회기에서는 어린 시절 결핍된 정서와 심리도식의 연관성을 탐색하여 주 호소 문제를 잠재의식의 심층 심리로 접근하였다.

도식은 어린 시절 충족되지 못한 결핍된 정서욕구 때문에 생긴다고 하였다(Young, 2003). 연구 참여자에게는 매우 높은 기준을 지니고 있는 가혹한 기준을 노력을 해야만 한다고 믿음 타인 중심의 복종과 희생도식, 단절 및 거절의 영역인 사회적 고립의 도식으로 공감과 지지를 받지 못하여 부적응적인 신념이다. '나는 할 수 없어', '아무리 노력해도 잘할 수 없을 거야', '넌 안 돼' 등 어린 시절 결핍된 도식을 영상관법 명상상담의 영상을 통해서 스트레스의 근원인 심층의 심상을 들여다보는 작업이었다. 있는 그대로 좌절된 욕구를 제거하거나 통제하는 대상이 아니라 명상수행을 통해서 호흡과 함께 머물러서 지켜보는 명상적 전략으로 접근하였다.

그리하여 연구 참여자의 자신의 돌봄은 어린 시절의 재양육을 통해 '안전한 공간'을 마련하고 상징적인 것으로 명상상담 개입 중 마련해 둔 것이다. 간이 의자와 담요를 마련해서 이제는 더 이상 서성거리지 않아도 되고 불안이 찾아오면 자신을 품어 주는 담요를 쓰다듬어 주면 불안은 없어지지는 않지만 함께하면서 관리를 하는 것이다. 결핍된 것을 다시 돌보는 일은 내 자리를 찾는다는 것이다. 즉, 나의 존재에 대한 갈구를 더 이상 하지 않아도 된다는 것이다.

이에 연구자가 살펴본 연구 참여자의 변화는 에니어그램 성격유형으로 연구 참여자는 타인 중심으로 돕는 일에 자부심을 느끼고 있지만, 자기표현이 결여된 힘든 부분을 탐색과 분석을 통하여 자신을 이해하면서 편안함을 유지한다. 명상의 집중도 남다르게 좋아서 통찰을 잘한다.

따라서 효과도 빠르게 나타난 것으로 보이며 또한 감정을 조절하는 능력도 좋았다. 단지 그동안 방법을 몰랐을 뿐이었다. 스트레스의 고통으로부터 벗어나고자 하는 의지가 강하여 과제나 새로운 행동에 대한 수행력도 좋았다. 감정·생각·욕구를 잘 알아차린다. 그리고 적절하게 상징적인 이름도 잘 붙인다. 상담 초기에서 중기로 가면서 목소리에 힘이 생겼고 얼굴도 밝아졌으며 자기를 돌볼 수 있게 되면서 자기통합도 이루게 되었다.

이와 같이 연구 참여자에게 효과성을 확인하였다는 점에서 의의가 있었다.

VI. 결론 및 제언

1. 결론

본 연구에서는 30대 여성의 대인관계에서 오는 스트레스가 심리적, 신체적 고통으로 건강을 위협받는 상황으로까지 내몰리게 되고, 나아가 심각한 사회적인 어려움에 빠지기 되는 스트레스에 노출되어 어려움을 호소하고 있음을 주목하였다. 이에 성격유형의 특징을 깊이 있게 이해하고 명상상담의 개입이 어떤 영향을 미치는지 탐색하는 데 그 목적을 두고 사례 연구 방법 중의 하나인 단일사례 연구를 채택하여 총 8회기 3개월에 걸쳐 성격유형을 탐색하여 그에 알맞은 영상관법 명상상담 개입으로 수집한 자료를 바탕으로 분석하고 해석하였다. 그 결론은 다음과 같다.

첫째, 연구 참여자의 대인관계 스트레스를 어린 시절 좌절된 욕구와 정서적 결핍의 경험들로 유아기, 학령기, 현재에 이르기까지 전체적인 흐름을 분석하였다. 특히 어린 시절의 주 양육자로부터 좌절당한 경험은 그 시기에 발달해야 할 과업을 이루지 못한 채 성장하여 핵심신념이 부정적으로 형성하게 된 계기가 되었다. 자신의 그런 모습을 근거 자료들을 직면하게 함으로써 전체적인 이해의 폭을 넓혔다. 또한 자신의 낮은 자존감과 자기비하 속에서 대인관계 스트레스가 끊임없이 뭔가를 해야 하는 상황으로 자신을 닦달하고 상대방에게는 거절 또는 요청을 못 하는 악순환의 패턴이 반복되고 있었다.

둘째, 연구 참여자는 좌절된 욕구와 정서적 결핍으로 자신이 원하는 것이 이루어지지 않을 것이라는 부정적인 자아개념 때문에 정체성과 존재에 대한 갈망으로 갈등의 양상을 보여 주고 있었다.

셋째, 본 연구의 성격유형 특징에 알맞은 명상상담의 치유 경험으로 연구 참여자의 변화과정을 알아보았다. 치유의 과정은 1년 전 연구자와 상담이력의 경험으로 상담 초기부터 친밀한 관계로 솔직하게 자신의 사례를 풀어놓았다. 어린 시절의 상처와 고통으로 때로는 억울하고 분노하고 어려운 삶 속에서 잘 견디고 살아왔음을 스스로 인정하고 그 또한 자신의 삶이라는 것은 부정하지 않았다. 자신의 내면을 직면하여 감정·생각·갈망 등을 알아차리고 수용했다는 것이다. 연구자는 연구 참여자를 공감과 지지로 돌봐 주었고 관심의 눈을 거두지 않고 많은 이야기들을 들려주며 연구 참여자를 다시 새롭게 살아가게 하는 긴 시간을 만들어 주었다. 그 여정이 맥락적인 연결고리를 연구 참여자 스스로 하나로 꿰뚫는 경험을 통해 그 힘든 시기를 거쳐 자신을 지키며 살아왔다는 것을 스스로 격려하였다. 이제는 연구 참여자 스스로 자신을 돌볼 수 있게 되었다.

연구 참여자는 새로운 행동 계획에서는 자유로워진 삶 속에서 자신을 돌보고, 있는 그대로 받아들이고 내 안에 완전함이 존재한다는 사실은 인정하며, 자신의 본성이 무엇인지 알아차리고 성장의 방향으로 나아가게 되었다.

2. 제언

본 연구는 한 개인 즉 연구 참여자의 스트레스의 고유한 특성과 잠재 의식 속의 세계와 삶이 어떻게 연결되어 있는지를 보여 주는 사례이다. 이것은 단일사례이지만 현재 30대 여성이 겪는 일반적인 스트레스를 이해하는 데 도움이 될 것이다. 성격유형의 분석과 영상관법 명상상담 의 개입 처치 방법을 제시하고 보여 주었다는 데 그 의의가 있다. 또한 스트레스 분야의 에니어그램의 성격유형 분석 및 명상상담 치유 프로 그램을 개발하는 데 기초 자료가 될 수 있을 것이다. 특히 에니어그램 의 성격유형의 세 가지 유형에서 영상관법 명상상담의 개입은 성격적 유형으로 개입한 구체적인 사례가 제시되어 심리상담 현장에서는 의미 있는 자료가 될 수 있을 것이다.

본 연구를 수행함에 있어 확인된 몇 가지 제한점과 제언을 하고자 한다.

첫째, 에니어그램 활용 명상상담 사례 연구는 일치된 보고가 미미하 여 선행연구나 연구결과 논의를 뒷받침하기에 어려움이 있었다. 따라 서 에니어그램 성격유형의 기반으로 영상관법 명상상담이 보급, 확대 되어 많은 연구 보고를 기대한다.

둘째, 에니어그램의 성격유형 특성이 활력 방향과 침체 방향일 때의 심리도식과의 상호작용의 관계를 정확히 탐색할 필요가 있다. 주 성격 이 같지만 보조 성격의 다른 경우 해석이 달라질 수 있다. 또한 어린 시 절의 경험과 양육환경으로 인하여 감정의 억압이 심한 경우 다르게 나 타날 수 있기 때문이다.

셋째, 에니어그램의 성격적 다양성의 특징을 파악하여 그 성격적 특

징에 알맞은 명상법 즉 마음의 치유 프로그램 개발을 활발히 하여 보급
이 되기를 기대한다. 명상이 초보일 경우는 기초부터 호흡은 각 개인의
특성에 맞는 호흡법을 다양화할 필요가 있다.

제2부

Ⅰ. 에니어그램과 명상상담 프로그램이 스트레스 감소에 미치는 영향: 단일사례

1. 내담자 정보

1) 인적사항

27세 대학생

2) 상담경위

우울로 인한 기억력 감퇴와 감정조절의 어려움으로 본인이 직접 신청

3) 주 호소문제

- 우울증으로 인한 기억력 감퇴
- 감정 조절의 어려움
- 성적에 대한 부담감
- 가족과의 소통

4) 내담자 이해

(1) 가족문제

아동기 시절부터 매일 반복되는 가정 폭력으로 엄마를 아동학대로 신고하고 싶었지만 신고를 하면 엄마 없이 내담자 자신은 어디에서 살아야 하는 걱정으로 신고를 못 했다고 했다. 아빠는 그런 장면에서 그어떤 조치도 없이 슬그머니 자리를 피해서 아빠가 더 미웠고, 동생에게 그 분노를 다 표현했다고 상담 중 표현하기도 했다. 초등 2학년 때는 아파트 앞의 가로등을 바라보며 '걸으면서 죽으면 어떻게 될까' 하는 생각도 할 만큼의 가정 폭력에 노출되면서 정서적으로 안전을 확보하지 못한 상태로 청소년기까지 이르게 돼 가정 폭력이 만성적 스트레스의 원인으로 신체적, 심리적으로 여러 증상들이 나타났다고 보고 있다.

(2) 내담자의 발달사

아동기부터 청소년에 이르기까지 가정 폭력에 노출된 상태로 스트레스를 지속적으로 받아 오면서 대인관계의 어려움을 호소하고 있었다. 18살~24살(6년) 동안은 손목을 긋고 싶었지만 피아노를 못 칠까 봐 못하고 옥상에 맨날 올라갔는데 '떨어져서 안 죽으면 어떻게 하지', 잘못되면 평생 기형으로 살게 될까 봐 겁이 많아서 시도를 못 했다. 그리고 편의점에 있는 모든 담배 다 피워 봤다. 친구들 머리는 뾰족뾰족하게 보이고 선생님이 말씀하시는 목소리가 너두 크게 들려서 항상 이어폰을 끼고 다녔다.

스트레스에 지속적인 노출로 인하여 약속을 잘 잊어버리기 때문에 늘 메모를 해야 안심이 되고, 메모를 못 할 때는 전혀 기억을 할 수 없어 어려움을 겪고 있다. 학교에서도 졸업 발표를 해야 할 악보가 전혀 기억이 나지 않고 두려움에 발표를 못 하고 있어 졸업을 유예하고 있는 실정이다(1회기).

지속적인 가정 폭력에 노출돼 스트레스를 받은 결과가 고등학교 2학년 때 나타나기 시작하는데 사람들의 모습이 뾰쪽뾰쪽하고 긴 막대기 모양처럼 생겨 보이며 금방이라도 자신에게로 달려들 것 같아 참을 수가 없었으며 또한 모든 친구들의 목소리가 크게 악 쓰는 것처럼 들려 자신을 공격하는 것 같아 친구들이 다가오면 분노의 감정을 그대로 비수를 날리고 문제 학생으로 심각한 상태에 이르게 됐다고 말한다.

그래서 우울증으로 인한 항우울제, 신경안정제 등의 약물 복용 경험이 있으며, 여러 기관을 통해 상담을 받은 경험이 있었으며 에니어그램 명상상담의 경험은 없었다.

(3) 내담자의 외양 및 관찰 행동

내담자의 첫인상은 단아하고 좀 서두르는 느낌이 있었다. 1분에 한숨을 4번 쉴 정도로 과호흡하고 있었으며, 코로 호흡이 안 되고 입으로 계속 헉헉거리며 보기에도 불편한 호흡을 보이고 있었다.

에니어그램 사전검사에서는 주 성격이 5번 유형으로 점수 16점, 보조 성격은 8번과 1번 유형으로 각각 12점이며, 네거티브는 3번과 9번으로 점수는 각각 -12점으로 같은 점수로 나타났다.

〈표 30〉 에니어그램 사·전, 사후검사 결과

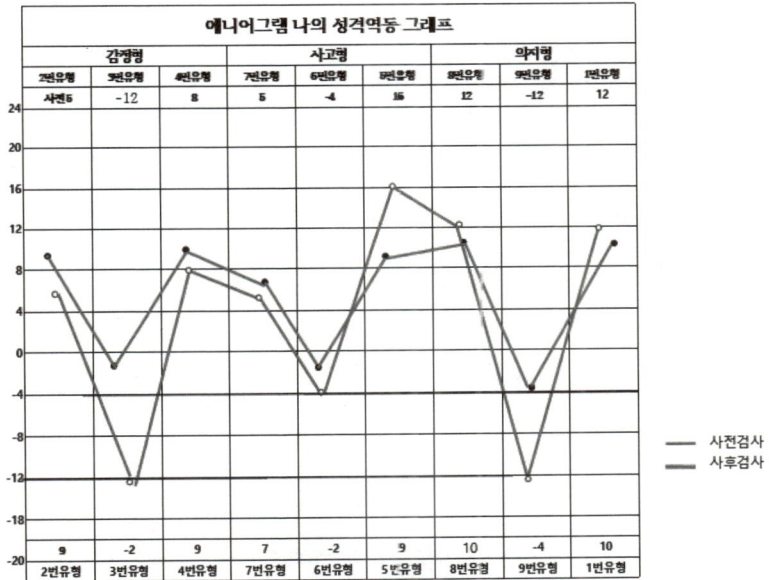

에니어그램 나의 성격역동 그래프

감정형			사고형			의지형		
2번유형	3번유형	4번유형	7번유형	6번유형	5번유형	8번유형	9번유형	1번유형
사전5	-12	8	5	-4	16	12	-12	12
9	-2	9	7	-2	9	10	-4	10
2번유형	3번유형	4번유형	7번유형	6번유형	5번유형	8번유형	9번유형	1번유형

― 사전검사
― 사후검사

주 성격 5번 유형은 특징은 사고형으로 불안, 긴장 등으로 다소 일상 생활이 불안정한 요소가 있으며, 보조 성격으로도 분노 또는 우울감도 나타날 수 있다. 내담자 스스로는 자신이 하고 싶은 말은 거의 참지 않고 잘한다고 보면 된다. 그리고 1번의 특징은 가르쳐 주려는 성향으로 상대의 잘잘못을 잘 지적할 수 있다. 그리고 네거티브 3번 유형은 -12점으로 공허감과 수치심으로 불안할 때 사람들에게서 떨어져 무기력함을 느끼고 만성적인 피로감이 있다.

그러나 이러한 성격적 특징들은 일반화해서는 안 된다. 각 개인의 성향과 기질적인 측면 어린 시절의 경험들이 다르기 때문에 상담을 통해서 반드시 확인할 필요가 있음을 밝힌다. 또한 에니어그램은 건강하고 안정되었을 때와 불건강할 때의 역동의 차이점이 있다. 즉 스트레스의 대응 행동이 각 개인마다 다르게 나타날 수 있기 때문이다. 그래서 내담자의 경우는 면담을 통해 에니어그램 성격유형의 특징을 알고 대인관계 패턴을 파악하고 신념과 감정 또는 갈망이 무엇인지 탐색하여 자신을 탐색함으로써 스트레스 상황에 놓이게 되면 어떻게 반응하는지 또는 주 호소 문제의 원인을 파악하는 데 주목하였다.

6) 에니어그램 사후검사 결과

사후검사에서 주 성격은 1번 유형 10점으로 사전검사에서 보조 성격이 주 성격으로 바뀐 경우다. 여기서 주 성격과 보조 성격이 바뀔 수 있다는 점을 알 수 있다. 두드러진 경향은 4번 유형이 점수가 많이 나온 경우인데 이는 내담자의 본연 기질이 표현된 것으로 볼 수 있으며 전체적으로 점수 낙폭을 줄이면서 유연해졌다는 것을 알 수 있다. 명상상담이 내담자 스스로 자신을 이해하는 데 도움이 됐다는 의미이기도 하다.

7) 스트레스 사전검사 결과

내담자의 사전 검사에서는 '우울, 분노, 좌절, 긴장'이 비교적 높은 점수로 나타났다. 이들의 관계는 우울증으로 인하여 스트레스와 인과관계가 있으며 상담이 필수적으로 요구되었다. 좌절과 실패 속에 지속적으로 노출이 되면서 스트레스 지수는 164점이다.

8) 스트레스 사후검사 결과

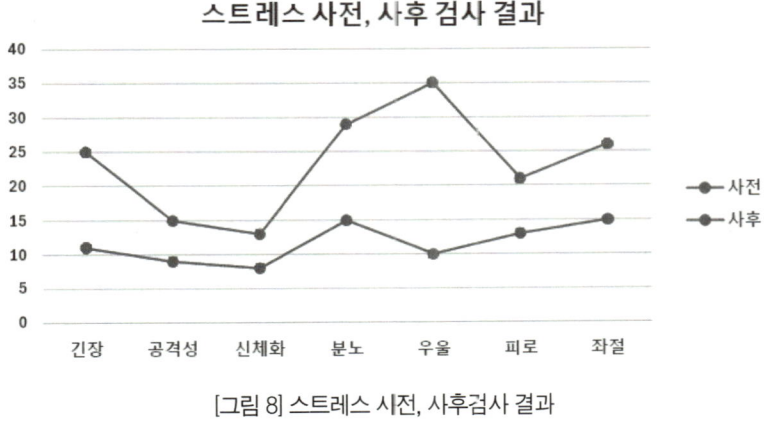

[그림 8] 스트레스 사전, 사후검사 결과

위 그래프를 살펴보면 7개 항목이 있는 것으로 계산을 분노 척도는 사전 29점으로 심한 분노 상태에서 사후는 거의 50% 정도 낮아진 상태이고, 또한 신체 피로도 높아져 있는 상태였는데 호흡명상 개입 후 15점으로 안정된 상태를 유지하고 있다. 전체적으로 스트레스 지수가 50% 정도 급감했다. 특히 긴장, 분노, 우울, 피로 좌절이 급감한 것으로 나타났다. 내담자의 보고를 받아 보면 호흡과 명상상담이 8회기의 짧은 기간이지만 본인의 의지와 수용과 심리적 유연성이 효과가 있었다.

2. 에니어그램 명상상담 절차와 적용전략

에니어그램 성격유형을 탐색하여 적용한 프로그램은 호흡 명상과 몸 느낌 명상, 그리고 영상관법을 사용한다. 호흡 명상은 호흡에 주의를 두면서 들숨과 날숨을 알아차림하는 수행법으로 이때 주의 집중 대상은 호흡이다. 몸 느낌 관찰명상 느낌은 직접적으로 몸과 연결되어 있고, 스트레스나, 불안과 같은 마음 현상, 정서적인 장애와 연결되어 있다. 한 부위에서 다른 부위로 옮겨 갈 때를 분명하게 자각하고, 그곳에서 일어나는 느낌을 알아차리고, 머물러 충분하게 느껴보면서 그 느낌의 변화를 지켜본다. 영상관법은 자신의 미해결된 과제를 눈을 감고 영상으로 떠올려서 다시 경험하고 관찰하고 이야기함으로써 스스로 성찰할 수 있는 방법이다. 상담은 주 1회, 시간은 120분 총 8회기로 하고 회기별 내용은 다음과 같다.

〈표 31〉 명상상담의 회기별 내용

회차	주요내용	상담내용
1	에니어그램 사전검사, 스트레스 사전검사	상담하게 된 동기, 주 호소문제 파악, 수행과제 정하기 상담목표(기억력 강화, 감정 조절, 대인관계 개선)

2	에니어그램 성격유형 분석, 호흡 4단계, 스트레스 원인 파악	과제점검(매일 명상길기 쓰기, 호흡 매일 10분 하기, 기억훈련 연습) 자세 점검, 기준점 설정, 수식관, 멈춤 호흡, 부모님과 동생 관계 회복 혼·인
3	몸 느낌 명상 (보고형)	과제 점검(호흡 10분, 명상일지 쓰기) 몸의 느낌, 긴장, 이완 점검. 몸의 어디에서 주로 불편함을 느끼는가? 머리와 이마에서 긴장감 느낌 90% 계속 지켜봄, 긴장 떨어짐 20%
4	호흡 명상, 영상관법 (감정형)	과제 점검(호흡 10분, 명상일지 쓰기) 대인관계 불편 호소, 편안함을 확인, 내면의 어린아이 바라보고 따뜻하게 안아 주고 감정 느끼고 위로하기
5	호흡명상, 영상관법 (사고형)	과제 점검(호흡 10분, 운동, 명상일지 쓰기) 부정적인 생각을 알아차리고, 문제가 무엇인지 알고 행동 수정하기
6	호흡 명상, 영상관법 (의지형)	과제 점검(호흡 10분, 운동, 명상일지 쓰기) 그동안 표현 못 했던 것 표현하기
7	몸 느낌 명상/영상관법	과제 점검(호흡 10분, 운동, 명상일기 쓰기) 몸의 이완 정도를 알고 편안함을 유지
8	새로운 계획 세우기, 에니어그램과 스트레스 사후검사	생각 바꾸기, 행동계획 세우기

1) 내담자는 스트레스를 어떻게 경험하고 있는가?

스트레스에 지속적인 노출로 인하여 약속을 잘 잊어버리기 때문에 늘 메모를 해야 안심이 되고, 메모를 못 할 때는 전혀 기억을 할 수 없어 어려움을 겪고 있으며 학교에서도 졸업 발표를 해야 하는데 악보가 전혀 기억이 없고 두려움에 발표를 못 하고 있어 졸업을 유예하고 있는 실정이다(1회기). 지속적인 가정 폭력에 노출돼 스트레스를 받은 결과가 고등학교 2학년 때 나타나기 시작하는데 사람들의 모습이 뾰쪽뾰쪽하고 긴 막대기 모양처럼 생겨 보이며 금방이라도 나에게로 달려 들 것 같아 참을 수가 없었으며 또한 모든 친구들의 목소리가 크게 악 쓰는 것처럼 들려 나를 공격하는 것 같아 친구들이 다가오면 분노의 감정을 그대로 비수를 날리고 문제 학생으로 심각한 상태에 이르게 됐다고 말한다.

(1) 신체적 측면

감각의 무뎌짐과 머리의 깜깜함, 가슴이 답답하고, 숨을 코로 쉴 수 없어서 입을 벌리고 헉헉거리며, 한숨을 자주 쉬면서 만성적 스트레스로 두통과 불면으로 힘들어하고 있다. 그러다 보니 짜증과 분노로 교우관계가 원만하지 못하고 학교와 가정에서 적응을 못 하고 힘든 상황이었다.

(2) 정서적 측면: 분노 표출과 공격성

내담자의 경우는 맞벌이 가정으로 연년생 동생이 있다. 유치원 때 종일반에서 늦게까지 몇 명씩 있었다. 유치원 선생님이 저녁이 되면 불도 안 켜 주었다. 그래서 기억에 제일 났던 것은 유치원 안에 큰 미끄럼틀 밑 그늘진 곳에서 혼자서 논 것이다. 초등 시절에는 아버지의 회사 발령이 잦아 네 군데 초등학교를 전학 다녔고 친해질 만하면 이사를 가서 소꿉친구가 없었고, 동생은 엄마, 아빠의 사랑을 뺏기니까 싫었고, 혼자 시간을 많이 보냈다. 그래서 내담자 스스로 현실성이 떨어져 있다고 믿고 있다. 또한 또래 아이들이 너는 세상을 네가 왕따를 시킨다고 이야기하기도 했다고 한다. 아동기 시절부터 매일 반복되는 가정 폭력으로 초등 2학년 때는 아파트 앞의 가로등을 바라보며 걸으면서 '죽으면 어떻게 될까' 하는 생각도 할 만큼의 가정 폭력에 노출되면서 정서적으로 안전을 확보하지 못한 상태로 청소년기까지 정서적 결핍이 스트레스로 연결된 것으로 보고 있다.

성인 이후 대인관계에서는 항상 남자친구와 관계가 좋아야 안정적인 감정을 유지하는데, 조금이라도 자기 기분에 거슬리면 먼저 헤어지자고 하고 마음으로는 전혀 헤어지고 싶지 않으면서 공격적인 형태로 나타났다. 연구 참여자는 본인이 분리불안(남자친구에 대한 집착)을 느끼지 못하고 항상 남자친구에게 문제가 있다고 생각하며 잔소리와 분노를 많이 표출하고 있다. 그러다 보니 짜증과 분노로 교우관계가 원만하지 못하고 학교와 가정에서 적응을 못 하고 힘든 상황이었다.

(3) 인지적 측면: 기억 감퇴

내담자는 본인이 했던 일들을 기억을 못 하고 있으므로 친구들과의 약속도 잊고 학교에서 학습을 제대로 할 수 없는 상태가 되었다. 조금 전에 했던 일도 기억을 못 해 언제나 기록을 하며 그렇지 않으면 전혀 기억을 못 해 매번 약속을 지키지 못하여 친구, 부모님, 교수님과의 관계가 원활하지 못했고 또 악보도 기억 못 해 불안과 두려움으로 졸업 발표도 미루고 있는 실정이다 보니 연구 참여자는 스트레스와 불안으로 더욱 인지적 한계에 도달한 것으로 보고 있다.

2) 명상상담 프로그램의 개입으로 인한 변화는 무엇인가?

명상상담 프로그램 개입 과정에서의 축어록, 내담자의 과제일지를 통해 변화를 기술하였다. 변화는 자기이해, 기억 되살림, 과잉행동에 대한 행동 수정, 관계 변화, 본인의 의지 개선, 알아차림, 통찰, 수용과 현재에 머물기가 가능해지면서, 대인관계 개선, 가족과의 화해, 기억력 향상이 이뤄졌으며 졸업과 아르바이트도 하게 되었다.

(1) 자기이해

먼저 호흡과 몸 느낌 명상, 영상관법을 개입한 결과로 연구 참여자 스스로 자신의 내면을 관찰하면서 감정, 생각, 갈망을 알아차림 하게 되면서 자기를 이해하게 되었다.

기억력 감소 때문에 중·고등학교 시절이 기억 안 나고, 부정적인 감정에 휩싸이고. 처음 왔을 때는 감정이 컸으니 집중 잘 안되고, 오늘 아침 먹은 것, 어제와 그제가 구분 안 되고 기억 안 나고 연계 통합도 안 되고 하긴 하는데 그 이상 나갈 수 없었는데 명상상담 시작하고 많이 해소되었고 호흡하며, 몸 느낌 명상, 영상관법도 사용하고. 집 안과 밖에서 짬 날 때마다 호흡하며 마음의 평온을 유지하려 노력하고. 감정일기 매일 썼고, 기억력 훈련 같이 하고, 감정이 왔다 가는 것 알아차리게 되고 다음 단계로 응용해 나가는 것들이 이제는 좀 되는 것 같아요.

엄마와 동생과도 좋은 관계 유지하며 욕심, 이기심 내려놓으려 노력하고 뭐 바라는 것 없이 주고 싶은 마음이 커요. 상대방의 반응이 어떠하든 편안한 마음 유지하려 합니다. 작곡 공부 하는 것도 잘되고 있습니다.

상담 전과 지금은 천지 차이죠. 그 전엔 기억력 감소의 후유증으로 중·고등학교 시절 기억이 안 나고 그랬는데 명상상담 시작하고 많이 해소되었고, 호흡하며 감정이 왔다 가는 것을 알아차리게 되고 일주일에 한 번씩 상담은 받지만 사이사이에 문자 해 주셔서 많이 도움이 되었습니다.

지금의 저는 알아차려지는 감정을 풀어서 설명하고 있잖아요. 엄마에 대한 분노도 많이 순화되어서 지금은 엄말 이해하잖아요. 엄마에게 상처 주고 싶지 않아요. 예전에는 엄마와 똑같이 때려 주고 싶었는데 엄마가 다치는 것도 싫어요. 그냥 안아 주고 싶어요. 이제 괜찮다고. (3회기)

(2) 되살린 기억능력

호흡 명상과 몸 느낌 명상, 영상관법을 통해 감정, 생각, 갈망 등 명료하게 알아차림을 통해 내담자의 스트레스로 인한 기억력 감소 문제를 도움을 주고자 매일 과제(호흡 명상, 명상일지 점검을 하고 기억의 어려움과 불편한 감정을 알아차리게 해 불편했던 감정들이 해소와 함께 정리가 되면서 효과가 극대화된 것이다.

명상을 시작하고 감정을 치우고 마음에 집중해서 잡생각들을 없애면 내 마음의 의지가 보여 목표를 세우고 그렇게 하기까지 필요한 것들, 내가 할 수 있는 부분은 뭔지, 문제를 내가 바꿀 수 없는 것에 집중하는 것이 아니라 내 문제, 내가 해결할 수 있는 문제에 집중하고. 이것이 내 특성인지, 고쳐야 할 단점인지 구분하고 내가 어떤 사람을 만나더라도 고치고 업그레이드해야 한다고 한 것에 한해 목표를 세우고 방법을 찾고 노력을 하는 과정에서 호흡과 명상을 하며 머리가 비워지니 작곡 공부에도 집중할 수 있게 되고 조금씩 나아져 가는 과정 같아요. (6회기)

(3) 과잉행동에 대한 행동 수정

내담자는 지속적인 가정 폭력으로 인해 모든 사람들이 금방이라도 내담자에게 달려들 것 같아 참을 수 없었고, 또한 친구들의 목소리도 크게 악을 쓰는 것처럼 들리고 자신을 공격하는 것 같아 그들이 다가오면 분노의 감정을 그대로 쏟아 내고 공격적이었다. 그래서 지속적인 호흡명상과 영상관법으로 왜곡된 생각, 감정을 판단과 평가를 하지 말고 있는 그대로 바라보게 해서 대처 방법을 알게 했다.

전에는 감정이 와도 모르고 그냥 뒤통수 맞듯 휘둘렸는데, 제가

공을 무서워하거든요. 근데 공이 오는 걸 보라고들 해요. 보면 피할 수 있다고, 근데 제가 요즘 감정이 오는 걸 느끼고 알아차리니까 객관적으로 보고 보낼 수 있는 것 같아요. 기뻐도 일희일비하지 말자, 얘도 지나간다. 그리고 생각, 사색을 많이 하게 돼요. 산책하다가도 겨울이 지나면 봄이 으고 새싹이 돋겠지 하면서 긍정적으로 생각하기도 해요. 감정을 가라앉힐 수 있으니까 사색이 가능해지는 것 같아요. 제가 감정을 표현하는 데 일어나는 감정 그대로 비수를 날렸다면 지금은 감정이 왔다 가는 것도 잘 보고 있어요. (4회기)

(4) 엄마와 동생과의 관계 변화

내담자는 동생에게 분노의 감정들을 표출했는데 이제는 더 이상 그 분노들이 동생을 향하지 않게 되었다

그 분노는 동생에게 갔어요. 동생 있는 쪽게 가위를 던져 문이 패인 적도 있고. 분노와 공격성과 '죽어 버려라'까지는 아니었지만 이 분노를 던진 거예요. (1회기) 그런데 이제는 동생이 미술학원 다니고 싶다고 했는데 저 때문에 다닌 적이 없어요. 저한테 돈 많이 들어서 지금은 워킹홀리데이가 있어서 제가 돈 많이 벌면 미술 꼭 배우게 해 주고 싶어요. 엄마는 제가 만족할 만큼은 아니었지만 엄마가 해 줄 수 있는 최선을 다했어요. 제가 돈을 벌면 엄마 절복을 예쁜 걸 사 드리고 싶어요. (3회기)

(5) 본인의 의지와 직면

내담자는 본인이 스트레스로 인한 몸으로 느껴지는 긴장과 압박감을 이완하면서 기억력 감소의 영향이 미친 스트레스를 영상관법을 통해 감정, 생각, 내가 무엇을 원하는지를 어떤 평가나 판단을 하지 않고 있는 그대로 직면하면서 문제가 무엇인지, 스트레스를 어떻게 하면 감소가 되는지 지켜보면서 몸의 반응까지도 경험하게 해 편안함과 고요함을 체득하게 되면서 적극적으로 호흡과 명상에 관심을 가지게 된 계기가 되었다.

(6) 알아차림

알아차리기는 지금 내가 어떤 감정인지, 어떤 생각을 하고 있는지 갈망이 무엇인지 분명히 알게 되는 것이다.

(7) 통찰

내담자는 호흡 명상, 몸 느낌 명상, 영상관법을 통해 현재 대한 알아차림에 그치지 않고 그것이 기억과 어떤 관계가 있는지 통찰하여 기억해 낼 수 있는 지혜를 엿볼 수 있다.

인생을 운전하는 것에 비유하잖아요. 운전석에 내가 앉지 않고 비워 놓고 자꾸 남을 앉히려고 했고 그러고선 내가 원하는 대로 안 간다고 불만이고. 이제 운전석에 제가 앉아야 할 것 같아요. 어

172

떻게 해야 서로가 편안해하고 사랑받고 있다고 느끼는지 알아요. 서로 각자의 일을 하고 있어도 편안하고 불만이 없어요. (8회기)

(8) 수용과 현재에 머물기

내담자는 불편함이나 고통스런 감정들을 그대로 받아들이면 지나간다는 것을 체험했고 왜곡된 생각에 빠지는 패턴에서 현재로 돌아오는 경험을 통해 기억력 감소에서 벗어나 밝은 삶을 사는 방법을 체험하고 있다. 거기에 머물러 지켜보면 살며시 사라진다는 것 체험을 통해 수용하는 방법을 알게 되었다.

3) 상담사의 평가

처음 상담실에 왔을 때 부모님 이야기를 하면서 90분 내내 울면서 자신의 스트레스로 인한 불편함을 호소했는데 초기 4회기 명상상담 프로그램 개입 후 한숨 쉬는 것도 줄어들었고, 호흡이 안정되었다. 기억력이 향상되어 메모장 준비는 더 이상 할 필요가 없어졌다. 부모님과 교수님의 관계가 좋아지면서 상담이 중기로 들어가면서 우울과 분노로 무기력했던 지난날에 힘들었던 기억을 떠올리며 이제는 마음속에 홈그라운드가 하나 생겼다고 기뻐하고 있는 모습이 좋아 보이며, 문제 해결도 미루지 않고 적절한 대응 행동으로 대처를 잘하고 있다.

1차 호흡 4단계 시작으로 매 회기별 자기 보고서 형식의 상담목표를 근거로 평가하였다.

상담목표	1~4회기 호흡 4단계, 몸 느낌 명상/ 영상관법	5~8회기 감정 느끼기, 정화하기
1. 감정 조절/우울, 분노 척도 개선	우울 20% 감소, 분노 30% 감소	우울 80% 감소, 분노 80% 감소
2. 기억력 개선/개인레슨 개선	기억력 증가 50% 이상. 메모가 필요하지 않음	악보 잘 기억하게 됨 90%
3. 대인관계/부모님과 교수님 관계 회복	부모님과의 관계 개선 80%	교수님과의 관계 개선 90%
4. 문제해결 위한 행동전략	자신감 향상 40%	자신감 향상 80%

(1) 명상상담 프로그램 개입 후
많은 것이 달라지면서 어떤 일이 있었는가?

호흡 4단계 1~4회기 개입 후 우울, 20% 분노 30%가 감소하고, 4~8회기 개입 후에는 80%가 감소하여 지금은 편안하다.

내담자는 명상상담 프로그램을 통해 핵심 감정인 스트레스를 털어내고 대처하는 자신감이 생기면서 인지능력 향상에 많은 도움이 되었다고 말한다. 또한 우울과 분노로 감정 조절도 스스로 관리하게 되는 수준까지 되었다고 말한다.

(2) 인지능력은 어느 정도 증가했는가?

기억력 증진 효과는 내담자를 명상의 효과를 보여 주기 위한 한 방법으로 다음과 같이 김대근 공학박사에게 의뢰해 사전, 사후 뇌파를 검사를 실시하게 되었다.

사전 검사에서는 전반적으로 심장 유연성이 저하된 것으로 나타났다. 이는 내담자가 극심한 스트레스에 노출되어 있는 상황임을 의미한다. 하지만 사후 검사에서는 인지능력의 7개 항목 중 언어 기억력이 뚜렷하게 개선된 것을 알 수 있었다.

〈심장기능평가〉
- 자율신경, 심혈관, 체온조절, 교감신경, 부교감신경 막대그래프가 빨간색 선까지 맞닿아야 안정적이라고 볼 수 있는데 지속적인 스트레스로 인하여 호흡이 힘들어 보이며, 언어기억력 저하가 두드러지게 나타나고 있음

인지 기능 평가

Patient Profile:	Percentile Range				>74	25 - 74	9 - 24	2 - 8	<2
	Standard Score Range				>109	90 - 109	80 - 89	70 - 79	<70
Domain Scores	Subject Score	Standard Score	Percentile	VT‡‡	Above	Average	Low Average	Low	Very Low
Composite Memory	99	97	42	Yes		x			
Verbal Memory	50	89	23	Yes			x		
Visual Memory	49	105	63	Yes		x			
Processing Speed	88	128	97	Yes	x				
Executive Function	56	108	70	Yes		x			
Reasoning	14	124	95	Yes	x				

Digit Span : 9/8 (F/B)

심장 기능 평가

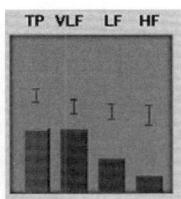

LF:HF 14:3 (4.6:1)

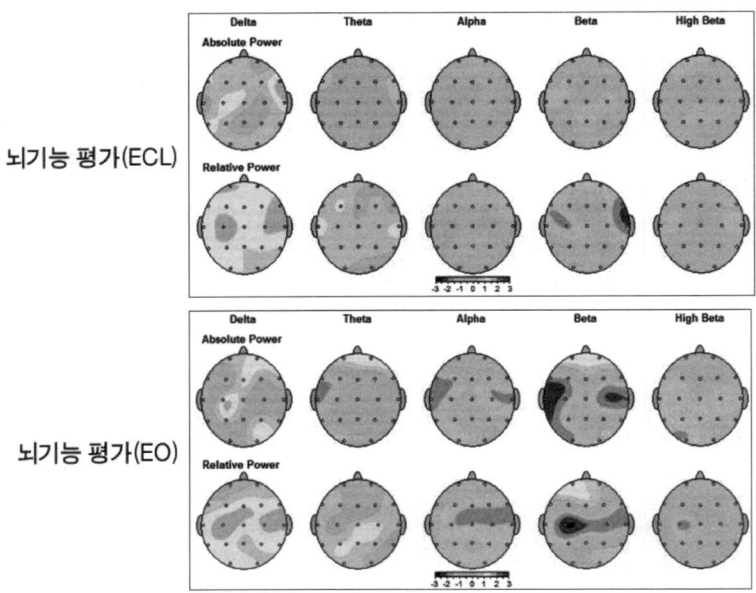

뇌기능 평가(ECL)

뇌기능 평가(EO)

[그림 9] 뇌파 사전검사

- 기억력 저하의 원인이 되는 스트레스 환경에 대한 개선 필요(변연계의 정서회로가 곧 학습회로가 되므로, 정서를 안정시켜 인지기능은 개선 혹은 학습에 집중함으로써 정서를 안정시키는 것)
- 특히 개안 시 알파파가 부족하고 알파 피크주파수가 12Hz을 상회하는 것은 지속적인 스트레스의 결과로 보이고 심장기능에서 심장 유연성 저하 및 교감신경계 항진도 마찬가지 결과로 보임
- 뇌파에서 베타파가 부족한 것은 뇌 기능성 저하와 관련되어 있음. 사후검사에서 베타파 증사와 함께 단기기억력도 증가됨
- 에니어그램과 명상상담 프로그램을 통하여 알파 피크주파수 적정화, 뇌파 베타파 개선, 심장유연성 개선이 기대됨

에니어그램 명상상담 전략

인지 기능 평가

Patient Profile:	Percentile Range			>74	25-74	9-24	2-8	<2
	Standard Score Range			>109	90-109	80-89	70-79	<70
Domain Scores	Subject Score	Standard Score	Percentile	VI**	Above	Average	Low Average	Low	Very Low
Composite Memory	102	103	58	Yes		x			
Verbal Memory	56	111	77	Yes	x				
Visual Memory	46	96	40	Yes		x			
Processing Speed	85	124	95	Yes	x				
Executive Function	63	119	90	Yes	x				
Reasoning	10	110	75	Yes	x				

Digit Span : 9/8 (F/B)

심장 기능 평가

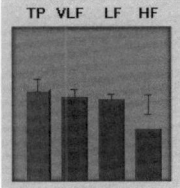

LF:HF 644:59 (10.9:1)

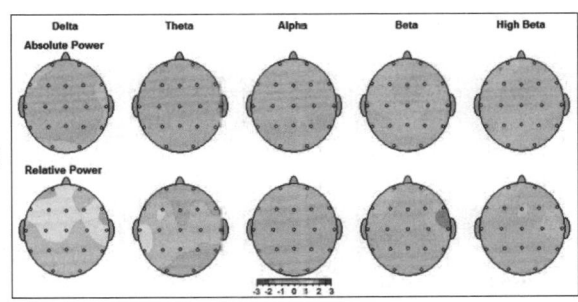

뇌기능 평가(ECL)

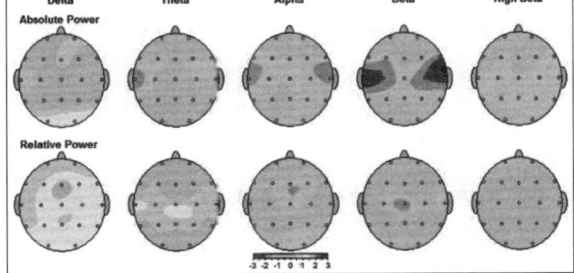

뇌기능 평가(EO)

[그림 10] 뇌파 사후검사

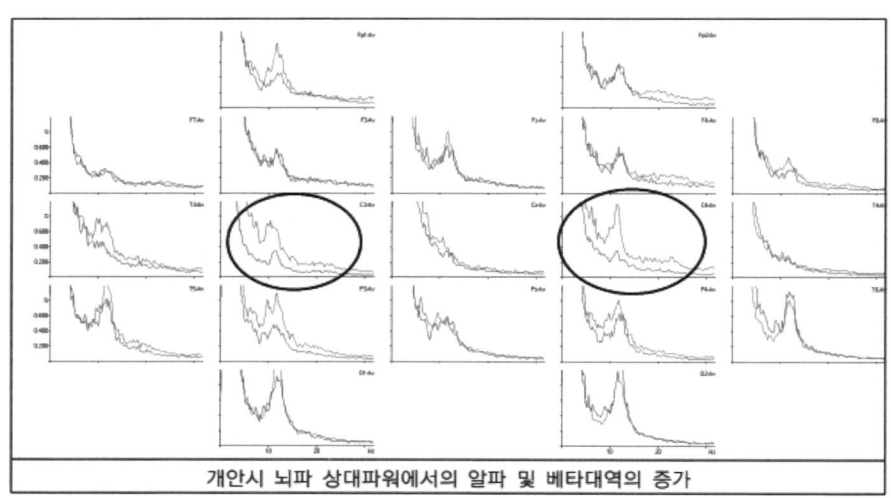

개안시 뇌파 상대파워에서의 알파 및 베타대역의 증가

[그림 11] 사전, 사후검사 결과 비교

- 에니어그램 명상상담 프로그램을 적용 후 뇌파 사후 측정을 통해 베타파가 개선되고 심장 유연성이 개선되었음. 알파파의 피크 주파수의 안정과 심장 유연성의 교감/부교감 사이의 균형을 위해 추후 지속적인 라이프스타일 관리가 필요할 것으로 사료됨. 특히 단어기억력의 증가와 관계되는 것으로 추정됨

  (리포트 작성: 공학박사 김대근, boeun4@gmail.com)

(3) 대인관계가 어떻게 개선되었는가?

부모님과 관계가 좋아지면서 가정에서의 안정과 편안함이 사회에서도 교수님과의 갈등을 줄일 수 있는 계기가 되었다고 한다. 특히 교수님과는 레슨할 때 악보를 기억하지 못해 갈등을 일으켰는데 기억력이 좋아지면서 관계 개선에 도움이 되었던 것으로 평가하고 있다.

(4) 문제해결을 위한 행동전략, 어떻게 할 것인가?

자신감 향상이 초기 개입 40%보다 중기 이후 회기 진행이 거듭할수록 두드러지게 좋아지면서 80% 우울, 분노, 대인관계, 기억 등 여러 스트레스 상황의 문제가 개선되니 자동적으로 자존감 회복으로 행동전략도 실천하며 자신감 있는 모습을 보였다.

4) 부모님의 평가

내담자 보고서를 근거로 한 부모님의 평가 내용이다.

① 스트레스와 분노의 감정을 가정에서 거의 느끼지 않는 것 같다. 부모님들은 딸이 안정적으로 생활을 하고 있어서 본인들도 편하다고 했다.
② 기억력 향상에 따른 졸업고사와 알바를 할 수 있게 돼 고맙다고 하셨다.
③ 서로 소통을 할 수 있고 무엇보다 대인관계에 개선으로 이제는 공격성도 사라지게 되었다고 한다.
④ 자신감이 향상돼 어떤 일이든 강설이지 않고 진행을 한다고 말한다. 특히 운동을 주기적으로 하면서 건강 관리도 하는 것에 만족을 나타내셨다.

5) 에니어그램 성격유형, 명상상담 프로그램의 적용 결론

첫째, 초기 4회기 명상상담 프로그램 개입 후 호흡이 안정되었다.

둘째, 기억력이 향상되면서 메모장 준비는 더 이상 할 필요가 없어졌다.

셋째, 부모님과 교수님의 관계가 좋아지면서 상담이 중기로 들어가면서 우울과 분노로 무기력했던 지난날 힘들었던 기억을 떠올리며 이제는 마음속에 홈그라운드가 하나 생겼다고 기뻐하고 있는 모습이 좋아 보인다.

넷째, 문제 해결도 미루지 않고 적절한 대응 행동으로 대처를 잘하고 있다.

3. 에니어그램 명상상담 절차와 적용 결론

첫째, 스트레스를 어떻게 경험하고 있는가? 지속적인 가정 폭력 노출로 신체적, 심리적, 인지적으로 불편함을 호소하고 있었고 대인관계 어려움, 공격성이 나타나고 있다.

둘째, 내담자의 스트레스 원인과 맥락은 무엇인가? 개인적인 측면과 가족적인 측면으로 만성적인 스트레스의 원과 맥락을 알아봤다.

셋째, 명상상담 프로그램의 개입으로 인한 변화는 무엇인가? 그 특성을 알아보고자 명상상담 프로그램의 개입을 통해 알아봤더니 다음과 같은 결과가 나타났다.

① 자기이해: 명상을 통해서 자신의 감정, 생각, 갈망을 알아차리고 스스로를 알게 되었다.

② 되살린 기억능력: 악보를 기억할 수 있어 연주회를 함, 더 이상 메모장이 필요 없어졌다.

③ 과잉행동에 대한 행동 수정: 아무에게나 감정을 쏟아붓지 않는다.

④ 엄마와 동생과의 관계 변화: 동생에게 분노의 감정들을 표출했는데 이제는 더 이상 그 분노들이 동생을 향하지 않게 되었다.

⑤ 본인의 의지와 직면: 스트레스가 왔다가 사라진다는 것을 알게 되었다.

⑥ 알아차림: 지금 내가 어떤 감정인지, 어떤 생각을 하고 있는지 갈망이 무엇인지 분명히 알게 되었다.

⑦ 통찰: 현재에 대한 알아차림에 그치지 않고 그것이 기억과 어떤 관계가 있는지 통찰하여 기억을 하 낼 수 있는 지혜를 엿볼 수 있었다.

⑧ 수용과 현재에 머물기: 거기에 머물러 지켜보면 살며시 사라진다는 것을 체험을 통해 수용하는 방법을 알게 되었다.

이렇게 장기적인 스트레스 감소 경험을 고찰하고 명상 프로그램이 어떤 영향을 미치는지 단일사례 상담으로 접근하였다. 스트레스, 신체적, 정서적, 인지적, 대인관계 문제 대한 문제로 기술하였고 명상상담 프로그램이 미친 영향에 대해서 호흡의 변화(1분 호흡 수), 집중도 변화, 사전·사후스트레스 검사 7개 항목 총 164점(사전검사)/85점(사후검사)로 뚜렷한 변화를 확인하였다. 또한 명상상담 프로그램을 통해서는 대인관계에서는 가장 편한 애착관계인 가족에 대한 긍정적인 변화가 확인되었다. 상담 개입의 결과로는 본인에 대한 수용, 정서적, 인지 왜곡 수정, 행동 수정 등을 확인하였다. 아동기 가정 폭력에 노출된 여학생의 스트레스로 인한 명상상담 프로그램의 효과를 살펴본 결과 명상상담 프로그램으로 변화 요인을 살펴보는 데 의미가 있었고, 스트레스 감소의 효과를 입증한 상담이다.

1) 내담자에게 명상상담 프로그램이 미치는 가장 큰 의미는 무엇인가?

첫째는 연구 참여자는 명상상담 프로그램의 개입으로 스스로 감정을 알아차림하면서 자신의 내면을 바라볼 수 있어 그 감정이 오랜 기간 본인을 힘들게 해 왔다는 것을 자각하고 현재 존재하는 삶으로 돌아오는 과정의 중요성을 알게 된 점이다.

가족으로부터 사랑과 인정을 지지받지 못한 것에서 빠져나와 두 손으로 자신을 어린아이를 안아 주고 따뜻하게 공감하면서 바라봐 주니 감정과 마음이 편안해지면서 기억나지 않았던 일들을 느끼면서 치유의 의지가 생겨났다. 내담자에게 에니어그램 성격유형 검사를 통한 자기이해와 명상호흡을 스스로 하는 시간이 늘어나면서 감정, 생각, 갈망 등을 알아차리고, 문제가 무엇이고, 앞으로 어떻게 할 것인가 스스로 질문을 해 봄으로써 스트레스 감소에도 큰 변화가 생겼다.

2) 내담자에게 명상상담 프로그램의 개입은 적절했나?

명상은 하나의 대상에 집중하면서 감정을 조절하고 깊게 자기를 살펴보는 것을 통해서는 어린 시절 장면을 떠올리면서 불편한 감정을 회피하지 않고 직면하면서 감정에 이름 붙이기, 몸 느낌과 호흡을 바라보면서 긍정적인 변화가 일어나면서 효과가 있다는 확신이 들기 시작했다. 과거의 기억은 현재에 영향을 미치는 심리적인 문제이므로 적극적 개입이 되려면 직면과 노출을 체계적으로 접근했으며, 명상상담 프로그램의 개입은 내담자에게 알아차림을 증가시키고 마음의 유연성을 높이기 위해서 선택의 여지가 없는 효과적인 명상상담 프로그램이었다.

3) 내담자에게 지속적인 명상 프로그램이 필요한가?

내담자의 스트레스 감소를 위해서는 지속적인 관리가 필요하다. 누구나 그러하듯 지속적인 상담은 쉽지 않을 것이다. 이 점에 관하여 명상 프로그램을 내담자가 스스로 할 수 있도록 명상호흡 방법을 익히는 연습이 필요하다.

이와 같은 상담 사례는 에니어그램 성격유형과 스트레스 검사, 사전·사후 검사를 통한 8회기 상담과, 뇌파검사를 통한 효과성을 알아본 상담이었다면, 다음은 에니어그램 성격유형 검사 특징에 따른 단기 상담으로 1회기 상담사례로 몇 가지 유형과 가족들의 유형의 특징에 따른 상담 사례를 더 알아보기로 한다. 개인적 정보 보호 차원으로 가명을 사용했음을 원칙으로 한다. 모든 유형은 상황과, 환경적인, 문화적, 사회적인 측면, 대인관계에서 그 상황에 따라서 주 유형과 보조 성격, 네거티브가 그 시점의 심리상태에 따라서 변화가 가능하다. 무엇보다 고정된 실체가 없다. 그러므로 자신의 성격적 유형이 고착과 집착으로 반복되는 패턴을 이해하고 본질을 알고 성장할 수 있기를 기대하면서 에니어그램과 성격유형과 명상상담을 활용한 다양한 유형의 사례를 제시한다.

II. 에니어그램 성격검사를 통한 단회기 상담

1. 하늘 님

- 주 성격: 2번 유형
- 보조 성격: 7, 9번 유형
- 네거티브: 4번 유형

주 성격 2번 유형의 특징으로 사랑과 인정을 받기위해서 먼저 주어야 한다는 신념을 가지고 있을 수 있다. 그래서 자신의 필요를 요청이나 거절을 잘 못 하는 경향이 있다. 그러므로 자신의 필요와 바람을 표현하는 훈련이 필요하다. 또한 보조 7번 유형의 여행을 즐기는 경향도 있으면서 스트레스 상황에 놓이면 4번 유형의 네거티브 사용으로 움츠러드는 경향이 나타날 수 있다. 그러므로 성장을 위해서는 명상을 통해 현재에 존재하는 내면을 바라보는 힘을 길러야 한다.

1) 대인관계

2, 9번 유형을 많이 쓰면서 1, 3, 4, 6, 7, 8번 유형을 쓰고 있으면서 대

인관계에 많이 노력하는 것으로 보인다.

사람들과 쉽게 사귀지만 특별하고 친밀한 관계를 유지하려 한다. 여기서 나타나는 1번 유형의 특징은 사회적인 질서를 준수하는 모범생이고 사회적인 문제에 관심이 많으며 친밀한 사람에게는 조언도 아끼지 않는다는 것이다.

매우 열정적이고 활동적이고 사랑도 많고 헌신적이지만, 8번 유형의 특징인 자신의 방식으로 통제하려는 경향도 있다. 그리고 6번 유형의 특징인 확실하지 않은 것에 대한 불안으로 자신이 한 일에 대해 주위 사람들에게 물어보면서 일을 추진하려 하고 대체로 건강하고 원만한 대인관계를 추구하려고 노력하는 편이다.

2) 어린 시절

2, 5, 7, 9번 유형을 쓰고 있다.

2번 유형의 어린 시절의 특징인 가족의 희망이나 필요를 빨리 알아차리고 원하는 것을 해 주고, 5유형의 어린 시절 특징인 격렬한 운동은 좋아하지 않지만, 대체로 학교에서 우등생이었고 책 읽는 것을 좋아하였다. 유머 있고 센스 있는 어떤 틀에 얽매이는 것을 싫어하고 자유롭고 행복한 유년 시절을 보냈다고 한다.

3) 자아개념

2, 6번 유형을 쓰고 있다.

에니어그램 명상상담 전략

먼저 주어야 한다는 생각은 어린 시절부터 형성되었다. 자신은 믿을 수 있는 사람으로 생각하면서 서로에게 이익이 되는 체계를 만들고 자기관리에 철저하며 미래에 대한 불안으로 사고를 미연에 방지하는 뛰어난 능력이 있다. 항상 확실하고 안정된 신념으로 돌다리도 두드리면서 계획과 관리는 충실하지만, 미래에 대한 불안으로 자신을 혼란스럽게 느낄 때도 있다.

4) 역동(대응행동)

1, 2, 5, 7, 9번을 사용하고 있다.

대체로 건강하고 온화하지만 기대에 어긋나면 불안하다. 2번과 9번 유형 특징인 스트레스 상황으로 내몰리면 분노나 화를 표현하지 못하는 것에 만성적인 우울증이 있을 수 있다. 자신의 감정을 억압하기에 삶을 직면하기보다 회피하고 숨어 버리고 대론 거칠게 공격하기도 하고 냉정해진다. 다양한 유형의 역동인 스트레스의 작용으로 분노가 쌓일 수 있으므로 자기표현을 하는 훈련이 필요하다.

5) 본질과 성장

이 사례는 본질과 성장 방향인 9번 유형과 1, 2, 3, 6을 쓰고 있고 성장 방향은 2, 3번 유형을 쓰고 있다. 주 성격인 2번 유형은 내면에 큰 평화가 있고 조건 없이 주는 순수한 사랑을 베푸는 능력이 있는 유형이고, 3번 유형은 너무나 많은 일 때문에 중요한 일을 잊어버리는 경향이 있으므로 성장 방향은 무엇보다 자신의 내면에 휴식할 수 있는 방법을 터득하는 게 중요하다.

2. 소나무 님

- 주 성격: 6번 유형
- 보조 성격: 1, 9번 유형

1) 대인관계

2, 3, 4번 유형에 해당된다.

주 성격 6번 유형으로 성실함과 헌신적인 노력하는 사람으로 다른 사람과 잘 지내는 경향이 있고 타인의 입장을 먼저 생각한다. 그리고 6유형은 권위자에게 의지하는 경향도 나타날 수 있다. 9유형의 특징인 자신의 의견이나 견해를 잘 말하지 않는다. 그 이유는 평화주의를 추구하기 때문이며 다른 사람들과 불편한 갈등을 피하기 위함이다. 그렇다고 자신의 의견이나 견해가 없지는 않다고 말한다.

보조 성격은 1번 유형으로 규칙과 원칙을 준수하며, 일정한 형식을 가지고 있고 갑작스런 변화를 싫어한다. 9번 유형의 특징인 자신의 필요를 직접적으로 표현하는 것을 스스로 억압하여 피곤하게 만들고, 표현하고 요구하는 것을 힘들어한다. 그래서 스트레스가 쌓일 수 있다. 그러므로 건강에도 유의할 필요가 있다.

2) 어린 시절

1번 유형의 어린 시절의 특징으로 아버지의 역할을 해야 한다는 책임감을 느끼거나 아니면 아버지와 동일시하는 경험을 가졌을 가능성이 있으며 독립적인 사람이 되고자 노력하는데 대체적으로 갈등 상황을 피해 버리는 방법을 선택했다.

3) 자아개념

6, 7, 8번(신념, 생각, 갈망욕구, 감정) 유형에 해당된다.

6번 유형은 자기 신념에 가장 충실함. 믿을 수 있는 사람으로 서로에게 이익이 되는 체계 만들고 자기 관리 철저하고 걱정이 많아 확실한 것을 찾기 위해서 자주 이리저리 왔다 갔다 한다. 긍정적인 사고를 하지만, 동시에 불안과 비판주의로 자신을 혼란스럽게 느낀다. 공허감, 불안, 회피를 위해 정보를 모은다. 그래서 충분한 준비상태가 되어 있지 않으면 행동하지 않는다. 항상 스스로 규칙을 만들고 그름을 판단하고 작은 실수에도 수치심 때문에 자신에게 엄격하여 끊임없이 노력하고 조금이라도 어긋나면 쉽게 화를 넌다. 9번 유형으로 다른 사람의 결점을 결코, 지적하지 않는다. 8번의 감정은 자신의 활동력을 세상에서 펼칠 때 그곳에서 자신의 가치를 느낀다. 약해지는 것을 두려워하기 때문에 그저 빈둥거리지 못하고 자신을 채찍질하여 모든 일에 열심히 노력하고 항상 잘해야 한다는 강박에 비례해서 공허감, 수치심을 느낀다. 6번 유형의 자기 정체성 확인, 가정과 사회에서 성공을 원하였고, 3유형은 성공 지향적이며, 7유형은 다양한 활동을 하며 문제가 일어나지 않도록 세심한 주위를 기울인다. 그것은 창피함과 사소한 실수를 용납을 못 하기 때문이다. 이 유형의 특징적인 감정은 외로움과 자부심 그리고 힘이 있어야 능력 발휘를 할 수 있다는 신념을 가지고 있다.

4) 역동(대응행동)

6, 7번을 사용하고 있다. 자신의 고통과 상실감으로 불안 같은 부정적인 감정을 느끼려 하지 않는다.

6번 유형은 안전에 대한 불안으로 지나치게 조심하며, 건물 안에 들어서면 어디에 비상구가 있고 소화기가 있는지 체크하고 아무런 문제가 없다고 생각이 들면 편안하게 집중한다. 편안한 때조차 무슨 일이 일어나지 않을까 걱정한다.

불건강할 때는 한가롭게 그냥 시간을 보내지 못하고 늘 표정이 굳어있고 농담을 즐기지 않는다. 별것 아닌 말에 아주 감정적인 반응을 보인다. 상황이 힘들면 혼자 고립을 선택한다.

5) 본질과 성장

성장 방향은 전형적인 6번 유형으로 심신이 안정되고, 믿을 수 있는 사람으로 성장하는 것이다. 명상호흡을 통하여 수시로 불안이 찾아오는 것을 나의 내면으로 향하여 거기에서 일어나는 느낌들의 자각과 함께 의식을 키우는 관찰하는 습관을 길러야 한다.

3. 민들레 님

- 주 성격: 2번 유형
- 보조 성격: 3, 6번 유형
- 네거티브: 8, 9번 유형

1번 사례의 하늘 님의 주 성격과 같은 2번 유형의 민들레 님이다. 주 성격은 같지만 보조 성격이 다르며, 네거티브도 다른 유형이다. 여기서 두 사례의 다른 점에 주목해 보자.

1) 대인관계

보조 성격 6번 유형을 대인관계에서 더 잘 쓰는 것으로 인정과 동의를 주변 사람들에서 찾는다. 사람들과 충실하며 협력을 잘하고 작은 일에도 세심한 주의를 기울인다. 너무 생각이 많아 다양한 의견과 관점들을 쉽게 결정을 내리지 못하고 자꾸 회피하는 경향이 있다.

보조 성격 3번 유형으로 다방면에 관심이 많다. 사람들과 쉽게 친해지고 부정적인 생각, 감정도 잘 드러내는 편이다. 반면 특정한 활동에 얽매이지 않기 때문에 대화가 산만해지기도 한다. 또 이 유형은 돌려서 이야기하는 사람을 별로 좋아하지 않고 직선적으로 말하면서 상대를 통제하려고 하는 경향도 있다.

2) 어린 시절

1, 6번 유형에 해당한다.

사람들 앞에서 잘하는 법을 배우면서 자신의 존재를 느꼈다. 그리고 아버지의 역할이 불충분하거나 6번 유형의 어린 시절의 특징을 보여 준다. 일관성을 유지하지 못한 환경에서 자라났을 경우가 있다. 혹 준비도 되기 전에 가족을 돌보는 상황에 내몰리면서 자신을 돌보지 못했다고 느낀다.

3) 자아개념

1번 유형의 신념으로 자신이 옳다는 신념을 가지고 있고 항상 스스로 규칙을 만들고 옳고 그름을 판단한다. 아버지의 상징을 대신하고 그로 인해 중대한 사명감을 가졌다고 생각한다. 2번 유형의 특징으로 사랑과 지지를 얻기 위해서는 먼저 주어야 하고 노력해야 한다. 사랑을 얻지 못하면 자신이 가치 없는 존재라는 생각이 들고, 배신감을 느낀다. 항상 두려움이 무의식 속에 있다. 한편 자신보다는 타인이 항상 먼저라고 생각한다. 그리고 소유욕도 강한 편이다. 작은 실수에도 수치심을 느낀다. 자기의 정체성을 다른 사람과의 차별에서 찾는다. 주 감정은 자주 외로움을 느낀다. 다른 사람들 도와주는 것에 대해 자주 자부심을 느낀다.

에니어그램 명상상담 전략

4) 역동(대응행동)

8, 9번 유형에 해당된다.

안으로 감춰진 좌절과 불안 때문에 관계를 갑자기 끊어 버리곤 그 사람을 잃어버린다. 쾌활함과 심각함이 교체되는 감정의 변화를 겪는다. 항상 성공과 효과적인 결실을 원하지만, 그것은 진정으로 자신이 무엇을 원하는지 알지 못하기 때문에 만족하지 못하고 일부러 새로운 경험과 사람들과의 흥미 있게 어울리는 것을 좋아한다. 건강하면 자신에게 진실과 겸손을 배우며 다른 사람의 도움을 받아들일 줄도 알게 된다. 그러나 그 속에서 좌절을 느끼고 스트레스를 받으면 어떤 틀 속에 자신을 통제하게 된다. 이런 상태가 반복되면 조울 현상으로 나타나기도 한다.

5) 본질과 성장

2번 유형은 남을 도와주는 성격을 중심으로 타인을 통해 만족하는 것보다 자신에게서 만족하는 것을 배워야 한다. 그리고 먼저 주어야 하는 것보다 자신의 필요를 직접적으로 표현하는 힘을 길러야 한다. 목표 지향적으로 성공하려는 의지도 갖고 있으며 환경이 변하면 마음과 몸도 변하는 적응력을 가지고 있다. 그러나 미래에 대한 두려움이 있어 불안한 마음을 극복하고 심리적인 안정과 내면의 믿음으로 신뢰를 동반한다.

9번 유형의 본질은 평화이다. 나는 모든 것을 사랑하며 자연과 하나임을 기억한다. 삶에서 경이로움과 기쁨을 느끼며 미래에 대한 불안과 현실과 존재를 그대로 받아들이고 활동적인 면을 발전시켜 무의식적으로 억압하지 말고 조금씩 목표 지향적인 신념을 가지고 타인을 의식하지 말고 자신의 게으름에서 벗어나려는 노력이 필요하다.

4. 바다 님

- 주 성격: 1번 유형
- 보조 성격: 2, 9번 유형
- 네거티브: 8번 유형

1) 대인관계

1번 유형의 특징이다. 사회질서를 잘 지키는 편이고 선생님 역할을 좋아하지만 잘 표현을 안 하는 편이다. 보조 2번 유형으로 특별한 친구, 친밀한 관계를 유지하고 비밀을 나누고 친밀한 관계를 유지하며 조언도 아끼지 않는다. 사회 속에서 성공을 바란다. 그리고 다른 사람들의 인정을 바란다. 3번 유형의 애착 정도의 특징으로 효과적으로 일했는지 다른 사람들에게 말하기를 좋아하고 상황과 친구에 따라 적절한 태도를 취하는 능력도 있다. 6유형의 특징이 혼합된 소속된 단체에 충실한 면과 다른 사람과 협력을 잘하고 작은 일에도 세심한 주의를 기울이면서 생각이 있어 결정을 잘 내리지 못한다. 복잡한 것보다 간단한 가

이드라인이 있고 일정한 형식이 있는 것을 좋아하기 때문에 안정적인 것을 추구하는 편이다. 타인의 입장에서 생각하고 행동하기에 관계가 원만한 편이고 그럼에도 반응이 없을 때 내면에서 친구가 떠날까 불안하기에 분노가 내재되어 있는 편이다.

2) 어린 시절

4유형에 해당한다. 주로 혼자 놀고 혼자 해결책을 찾았다. 동생이 태어났을 때 무슨 이유인지는 모르지만 버려진 느낌을 자주 경험하였고 자신과 가족과는 다르다고 느꼈다. 부모의 역할이 충분하지 않아 가족을 보살피는 것을 자기 일이라고 생각하고 가족을 돌보느라 자신을 제대로 돌보지 못했다고 느낀다. 9유형으로 어린 시절로 가족끼리 갈등 관계에서 끼어들지 않고 물러서서 중재하거나 다른 사람이 원하는 것을 충족해 주거나 아니면 갈등 상황을 피해 버리는 방법을 선택하는 경우가 있다.

3) 자아개념

1번 유형의 신념으로 자신이 옳다는 신념을 가지고 있고 항상 스스로 규칙을 만들고 옳고 그름을 판단한다. 아버지의 상징을 대신하고 그로 인해 중대한 사명감을 가졌다고 생각하고 분노와 좌절을 자주 경험하고, 끊임없이 노력하지만 스스로 힘들게 한다. 작은 실수에도 수치심을 느낀다. 5번의 신념의 특징으로 앎이 힘이라는 신념을 가진다. 항상 무언가 배우고 정보를 수집한다. 그리고 공허감과 불안을 회피하는 수단으로 정보를 모으고 충분한 준비가 안 되면 행동을 개시하지 않는다. 아무도 모르는 정보와 지식을 모으려고 하는 편이고 맞서는 상황에서 냉정해지는 편이다.

4) 역동(대응행동)

상대방의 요청을 거부하지 못하고 나중에 많은 어려움을 겪게 되면 상황에서 배려해 온 바에 미치지 못하면 8번처럼 냉정해지는 편이다. 그리고 불안이 증가하면 세상과의 연결고리를 스스로 끊어 버리고 냉정해지면서 자신만의 골방으로 도망친다. 의도적으로 사람들을 회피하고 스스로 고립화하는 경향이 있다. 대체적으로 분노를 억압하기에 우울감이 나타날 수도 있다.

5) 본질과 성장

주 성격은 1유형이지만 9번으로 평화를 추구하고 갈등을 회피한다. 자신의 정체성이 없고 원하는 것을 표현하고 자기계발을 모색하는 중요하다. 그리고 분노를 인식하는 방법을 배울 필요가 있고 자신의 내면을 솔직하게 털어놓고 표현하는 것과 좋아하는 것이 무엇인지 아는 것도 필요하다.

5. 장미 님

- 주 성격: 9번 유형
- 보조 성격: 1, 2, 5번 유형
- 네거티브: 4번 유형

1) 대인관계

1, 3, 6, 9번 유형으로, 사회적인 질서를 준수하는 모범생이다. 현실을 그냥 두기보다는 바꾸어야 하는 개혁자이다. 사회적인 문제에 관심이 많으며 잘못된 일을 밝혀내고 불의에 대해 참지 못한다. 그리고 선생님 역할을 좋아한다. 사랑을 하게 되면 자신의 매력적인 이미지를 가꾸는 데 많은 시간을 보낸다. 최고의 옷을 입고 좋은 집에서 살아야 한다고 생각한다. 그리고 복잡하게 너무 많은 선택권이 있는 것을 싫어하고 잘 정의된 확실하고 간단한 가이드라인과 일을 할 대도 일정한 형식을 가지고 일하기를 좋아하고 갑작스런 변화는 싫어한다. 다른 사람과 잘 지내려는 기본적인 성향이 있어서 갈등이 있으며 다른 사람의 입장을 생각한다. 대체로 인간관계는 좋지만 자신의 내면에는 친구를 잃어버릴까 봐 하는 걱정과 함께 거절을 잘하지 못하는 것에 따른 분노가 내재되어 있다.

2) 어린 시절

2, 9번 유형으로, 이들은 대부분 가족을 보살피는 것을 자기의 일이라

고 느끼고 빨래, 요리, 청소를 하면서 행복해한다. 다른 가족이 희망이나 필요를 빨리 알아차리고 그들이 원하는 것을 가족 내에서 자신의 위치를 확보하는 지혜를 터득한다. 대체로 중재자의 위치에 있고 가족의 갈등 관계에 끼어들지 않고 물러서서 중재하거나 아니면 다른 사람이 원하는 것을 충족해 준다. 갈등상황을 피해 버리는 방법을 선택하는 경우가 많다.

3) 자아개념

1, 2, 9번 유형에 해당한다.

1번 유형의 특징인 자신이 옳다는 신념을 가지고 있고 항상 스스로 규칙을 만들고 옳고 그름을 판단하려하고 무의식적으로 자신이 아버지의 상징을 대신하려 한다. 무엇인가 옳은 일을 해야 하고 중대한 사명감을 가졌다고 느낀다. 작은 실수에도 수치심을 느끼며 다른 사람의 견해를 받아들이기가 힘들다. 자신에게 엄격하여 끊임없이 노력하게도 하지만 일에만 매달려서 스스로를 힘들게 만든다. 자신이 도와준 만큼 되돌아오지 않으면 배신감과 함께 화가 나고 결국은 자기가 희생자라고 여기면서 슬픔에 젖는다. 이것이 강해지면 상대방을 자신의 필요와 요구를 강력하게 요구하기도 한다. 분노와 좌절을 자주 경험하고 자기신념에 대해 강한 믿음을 가지고 있고 조금이라도 어긋나면 쉽게 화를 낸다. 불안 증가하며 세상과의 연결고리를 스스로 끊어 버리는 냉정함을 있고 자신의 골방으로 도망친다. 이때는 의도적으로 사람들을 회피하여 스스로 고립시킨다. 자신의 이상만큼 잘 살지 못한다는 사실에 좌절감을 느낀다.

자신의 욕망을 감추지 못하고 힘으로 밀어붙이기를 잘하며 자신이 원하는 것을 얻기 위해서는 힘이 있어야 한다고 믿는다. 이들은 강한 열망을 성취하기 위해서 상황을 확고하게 통제하고자 한다. 그리고 무력감을 자주 느끼고 시간이 멈추어진 것 같고 자신의 감정을 느끼지 못하고 자신의 방향을 잃어버린 것 같다고 호소하기도 한다. 이것은 일상에서 게으름으로 표현되기도 한다. 스스로 나서지 않고 세상의 위협을 망각하고 빈둥거린다.

4) 역동(대응행동)

5, 9번 유형으로, 산만함 결단력을 왕래하면서 세상의 불안에 대처하기 위해서 고립된 이들은 정보와 지식을 모은다. 대부분 혼자 지내기를 좋아하고 어느 정도 성공하면 자신감을 회복하면서 도전적인 태도를 취한다. 그러나 실패하면 새로운 경험을 위하여 밖으로 나가 보지만 실망하여 점점 고립되고 냉정해진다. 이들은 상대방을 의심하고 감추어 놓은 불만을 터트리면 이때는 매우 적극적으로 일에 매달리는 모습을 보여 주며 게으름과 무거움을 떨고서 자신의 가치를 발견하고 사회 속에서 자신의 가치를 성취하고자 하는 태도로 변한다.

5) 본질과 성장

1, 5, 9번 유형에 해당하며, 높은 이상을 실현하기 위해서 끊임없이 노력하는 활동가이다. 이 유형은 순수한 완벽함과 내면의 큰 평화이고

조건 없이 주는 것이다. 베푸는 능력이 있고 자신을 가치 있는 사람이라고 느낀다.

이들은 가슴으로 느끼는 것을 본능적으로 싫어하고 슬픔과 외로움을 느낄 때 지식을 모으면서도 피해의식에 젖어 괴상한 공상을 하게 된다. 성장하기 위해서는 자신의 가슴에서 느껴지는 감정을 억압하지 말고 충실하게 경험하면서 스스로 선택한 고립을 벗어던지고 다른 사람과의 의미 있는 관계를 만들어 가야 한다.

6. 단풍 님

- 주 성격: 2번 유형
- 보조 성격: 1, 6번 유형
- 네거티브: 7번 유형

주 성격이 2번이지만 성장과 본질, 자아개념에서 5번 유형을 주로 사용하고 있는 것으로 보인다. 역동에서 건강할 때는 7번 유형을 사용하면서 새로움과 지적인 것을 추구하는 성향을 많이 보이면서 불건강할 때는 심각한 고립을 선택하기도 한다.

1) 대인관계

사회적인 질서를 준수하는 모범생이다. 사회적인 문제에 관심이 많

에니어그램 명상상담 전략

고 잘못된 일을 밝혀내고 불의에 다해서 참지 못하고 자신의 견해가 옳다고 여기기 때문에 이런 신념이 강할수록 상대방을 가르치려 들고 항상 원칙을 강조하여 위엄 있고 진지하여 교사로서 행동을 하게 된다. 다른 사람과 잘 지내려는 기본적인 성향이 있다. 갈등이 있으면 다른 사람의 입장을 먼저 생각한다. 친구를 잃어버릴까 하는 걱정과 함께 거절을 잘 하지 못하는 것에 따른 분노가 내재되어 있다. 그리고 이들은 완벽한 사랑을 원하지만 현실에서는 이룰 수 없는 만성적 외로움에 시달릴 수가 있다. 때론 상대방에게 자신의 기준을 강요하는 경향도 있다.

2) 어린 시절

2번 유형의 특징으로 가족을 보살피는 것을 자기의 일이라고 느끼고 집안일을 돕는 데 행복함을 느낀다. 가족 내에서 자신의 위치를 확보하는 지혜를 터득한다. 어릴 때 사람들 앞에서 잘하는 법을 배웠고 자신의 존재를 느꼈다. 가족들은 무엇을 잘하면 무척 기뻐하면서 그것을 강화해 주었다. 몸을 격렬하게 움직이는 운동을 좋아하지 않았다. 학교에서 대체로 우등생이었고 혼자서 보내는 시간이 많았다. 성인이 된 후에도 책벌레라고 할 만큼 책 속에 파묻혀 지낸다. 이 유형은 혼자 놀고 혼자 해결책을 찾았다고 말한다. 어떤 이유로든 버려진 느낌을 자주 경험하였다. 자신은 가족과는 다르다고 느낀 적이 있다.

3) 자아개념

자신이 옳다는 신념을 가지고 있고 항상 스스로 규칙을 만들고 옳고 그름을 판단한다. 아버지의 상징을 대신하고 그로 인해 중대한 사명감을 가졌다고 생각하고 사랑과 지지를 얻기 위해서는 먼저 주어야 하고 노력해야 한다. 사랑을 얻지 못하면 가치 없는 존재이고 두려움이 무의식 속에 있다. 그래서 자신보다는 타인이 항상 먼저라고 생각한다. 그러나 한편 소유욕도 강한 편이다. 작은 실수에도 수치심을 느낀다. 앎이 힘이라는 신념을 가진다. 항상 무언가 배우고 정보를 수집한다. 그리고 공허감과 불안을 회피하는 수단으로 정보를 모으고 충분한 준비가 안 되면 행동을 개시하지 않는다. 아무도 모르는 정보와 지식을 모으며 발견함으로써 자신만의 은둔처를 가지려 한다. 그리고 의도적으로 고립을 선택한다. 주변 사람이나 환경 때문에 지치게 되면 반사적으로 자신의 감정과의 연결을 벗어나서 자신의 생각 속으로 움츠린다. 그리고 경험하기보다는 이론이나 지적인 개념으로써 파악하려는 경향이 있다.

4) 역동(대응행동)

이 유형은 스트레스 상황에 놓이면 자신을 너무 몰아세우기 때문에 의무감과 책임감으로 짓눌려 있다. 억압이 심해지면 벗어나고 싶은 충동에 사로잡힌다. 일이 잘 풀리면 낙천적으로 변하면서 상대방의 의견을 받아들이고 세상과 타협하는 태도를 취하게 된다. 또 쾌활함과 심각

에니어그램 명상상담 전략

함이 교체되는 감정의 변화를 겪는다. 일부러 새로운 경험과 사람들과의 흥미 있게 어울리는 것을 좋아하지만 그 속에서 좌절을 느끼고 심각한 표정으로 정해진 어떤 틀 속에서 자신을 통제하려 한다. 때론 조울증 현상이 나타나기도 한다.

5) 본질과 성장

남을 도와주는 성격을 중심으로 타인을 통해 만족하는 것보다 자신에게서 만족하는 것을 배워야 한다. 그리고 먼저 주어야 하는 것보다 자신의 필요와 바람을 직접적으로 표현하는 훈련을 할 필요가 있고 자신의 가슴에서 느껴지는 감정을 억압하지 갈고 충분하게 경험하면서 스스로 선택한 고립을 벗어던지고 다른 사람과의 의미 있는 관계를 만들어 가야 한다.

7. 대나무 님

- 주 성격: 8번 유형
- 보조 성격: 3, 7번 유형
- 네거티브: 4번 유형

주 성격이 8번으로 특징적인 성격적 특징은 성장과 본질에서 의지형을 쓰고 있지만 불건강할 때는 미래에 대한 걱정이 찾아오면 보조 성격

7번 유형의 특징인 새로운 경험을 추구하면서 즐거움을 찾아서 행동하기도 한다.

1) 대인관계

사회적인 질서를 준수하는 모범생, 사회적인 문제에 관심이 많고 잘못된 일을 밝혀내고 불의에 대해서 참지 못함. 자신의 견해가 옳다고 여기기 때문에 이런 신념이 강할수록 상대방을 가르치려 들고 항상 원칙을 강조하여 위엄 있고 진지하여 교사로서 행동을 하게 된다. 그리고 어떤 일이든지 항상 자신의 통제하에 이루어지길 바란다. 다른 사람과 잘 지내려는 기본적인 성향이 있다. 갈등이 있으면 다른 사람의 입장을 먼저 생각한다. 친구를 잃어버릴까 하는 걱정과 함께 거절을 잘하지 못하는 것에 따른 분노가 내재되어 있다. 충성스런 사람들과 지내는 것을 좋아한다. 열정적이고 생동감 있는 활동을 원하고 다른 사람들에게 영향력을 행사하기를 원한다. 그리고 감각적이고 사랑에 빠지는 것을 좋아하며 자신이 존재한다는 강렬한 느낌을 느끼고 싶어 한다.

2) 어린 시절

부모의 역할이 불충분하거나 일관성을 유지하지 못한 환경에서 자라났을 경우가 많다. 권위에 대한 믿음이 부족하고 자신과 세계에 대해서 의심하게 된다.

3) 자아개념

　7번 유형의 특징으로 호기심이 많고 모험심을 가지고 세상에 나아간다. 욕심이 많다. 삶의 고통을 직면하기보다는 4번 유형의 특징이다. 회피하고 인내하고 기다릴 줄 모르고 안으로 감춰진 좌절과 불안 때문에 관계를 갑자기 끊어 버리곤 그 사람을 잊어버린다. 내재된 분노와 적개심으로 공격적인 태도로 돌변하거나 폭음이나 폭식에 빠지기도 한다. 약해지는 것을 두려워하고 자신의 약한 배신당하는 두려움을 느끼는 까닭에 자신의 마음을 쉽게 열지 못하고 대체로 바위처럼 닫아 버린다. 삶이 투쟁이다. 위협과 스트레스를 받으면 거칠어지고 공격적이 되기 때문에 주변 사람들은 이들에 비협조적이 된다. 비협조적인 태도가 자신의 행동에서 비롯된다는 사실을 자각하지 못한다. 상대방에게 공격받을까 봐 먼저 공격하기도 한다.

4) 역동(대응행동)

　자신의 배려가 만족이 되고 자신에게 자긍심이 생겨나면 이들은 부드럽고 자유로운 삶의 기쁨을 느끼면서 상대방의 아픔을 이해하고 자신의 내면에 숨겨진 부드러움을 드러낼 줄 알게 된다. 그러나 부정적인 스트레스 관계에 놓이면 다른 사람들에게 통제당하는 것을 싫어하면서도 막상 사건이 일어나면 많은 사람들에게 그것을 어떻게 했으면 좋을지 묻고 다닌다. 문제 해결력이 떨어질 수 있다. 생각대로 안 되면 차가워지면서 공격적으로 변할 수 있다.

5) 본질과 성장

건강할 때는 관대하고 공동체에 대한 자신의 힘을 공유 천성적인 리더이며, 높은 윤리적 가치를 지니고, 방어하지 않고 따뜻한 면만 보인다. 이유형의 본질은 높은 이상을 실현하기 위해서 끊임없이 노력하는 활동가이며 순수하고 완벽하다. 그러나 자신을 망각하는 경향을 보이기도 한다. 자신이 원하는 것을 자꾸 표현하고 그것을 성취하기 위한 자기계발을 모색하는 것은 중요하고 내면에 존재하는 분노를 인식하는 방법을 배울 필요가 있다. 자신의 내면을 열고 자신의 아픔에 솔직하게 다가가는 연습이 필요하다. 그래야 상대방을 통제하려는 강한 열망을 포기하게 된다.

8. 오솔길 님

- 주 성격: 5번 유형
- 보조 성격: 2번, 3번 유형
- 네거티브: 8번 유형

1) 대인관계

사회 속에서 성공을 바라고, 상대방을 설득시켜 인정도 받고 싶어 하고 자신의 매력적인 이미지를 가꾸는 데 많은 시간을 보내고 친밀한 관계를 유지하려고 노력도 하지만 감정적으로 너무 깊이 내려갈까 봐 두려워하기도 한다.

2) 어린 시절

아버지의 권위의식과 남아 선호 사상으로 인해 딸로서 내면에 깊은 상처가 있다.

3) 자아개념

침묵과 외로움을 회피하는 수단으로 공부를 열심히 했으며 자신만의 은신처를 가지려 하며 가족 속에서 의도적인 고립을 선택한 것으로 많은 시간을 쏟으면서 자신을 돌보지 못했다고 아쉬워한다.

4) 역동(대응행동)

알아주기를 바란 것은 아니지만 무관심하면 크게 실망하여 화가 나고 기대에 어긋나면 무뚝뚝하고 차가워지며 불안할 때는 사람들에게서 떨어지면서 무기력함을 느끼기도 하고 감정을 잘 내보이지 않고 냉정해질 때가 있다.

5) 본질과 성장

가슴으로 느끼는 것을 싫어하지만 외로움을 느낄 때 지식을 모으면서 피해 의식에 젖어 생각이 많아지는데 자신이 느끼는 감정을 억압하지 말고 충분하게 경험하면서 외로움에서 벗어나는 의미 있는 다른 사람과 관계가 중요하다.

6) 원인 탐색

보조 성격의 3번 유형의 특징으로 대인관계 사회 속에서 성공을 바라고, 상대방을 설득해 인정도 받고 싶어 하고 자신의 매력적인 이미지를 가꾸는 데 많은 시간을 보내고 친밀한 관계를 유지하려고 노력도 하지만 감정적으로 너무 깊이 내려갈까 봐 두려워하기도 한다.

(1) 무엇이 문제였는지?

가정적인 이복동생의 출생비밀과 자식의 출생비밀을 이제는 더 이상 참지 못하고 만천하에 대고 이야기하고 싶은데 이야기를 하고 나면 그 후유증을 감당하기 어렵고 여러 사람들에게 상처를 줄까 봐 걱정된다.

(2) 어떻게 할 것인가?

그동안 침묵으로 일관된 내 삶을 다른 곳으로 관심을 돌리고 동생과 내 아이를 위해 그냥 묻어 두고 가야겠다.

7) 소감 나누기

상담을 받을 때 '어린 시절 절대 이야기 안 해야지' 하고 왔는데 막상 마주 앉고 보니 상담사의 첫마디에 바로 무너져 어린 시절 이야기로 시작했다. 그것은 에니어그램 검사 결과지를 받아 본 순간에 바로 "침묵과 외로움이네요"라는 말에 나는 무너져 버렸다.

8) 알게 된 점

어린 시절의 상처가 지금까지 연결돼 나를 괴롭히고 있다는 것을 알았다.

9. 자유 님

- 주 성격: 9번 유형
- 보조 성격: 2, 4번 유형

1) 대인관계

원만한 인간관계를 중시하고 갈등을 피하기 위해 표현을 잘 하지 않는다.

2) 어린 시절

막내로 자라면서 별 어려움이 없이 자랐으며 가혹한 기준으로 스트레스 상황에 놓여 있었다.

3) 자아개념

작은 일에도 세심한 주의를 기울이며 인정받기 위해서는 먼저 주어야 하고 가족과 교류 관계에서 사랑받고 싶다는 집착이 있다.

4) 역동(대응행동)

본인의 기준이 높아서 남편과 자녀 사이에서 원하는 게 많다 보니 스트레스가 된다.

5) 본질과 성장

안정적이고 평화롭고 조화로움과 편안함을 유지하기 위해 갖기 위해서는 직접적으로 표현을 해야 한다.

6) 원인 탐색

(1) 무엇이 문제였는지?

명상 호흡을 통해 영상관법을 통해 어린 시절 정서적 결핍의 연결로 아이들의 양육방식으로 정서를 배려하지 않고 내가 하고 원하는 대로 양육해 왔고 내가 먼저 살아온 경험이 많으므로 빠르고 쉽게 가는 지름길로 가게 하기 위해서 잔소리를 하고, 아이들 의견을 무시해 왔던 것이다. 그러다 보니 대화가 단절되고 아이와 관계는 점점 악화되었다는 사실을 알게 되었다.

(2) 어떻게 할 것인가?

아이들과 남편의 성격유형을 알고 나와 서로 다름을 인정하고 먼저 아이들의 의견을 물어보고 내가 바라는 것브다 아이들이 원하는 것이 무엇인지 알아보고 서로 의견을 나누고 서르 합리적인 방법으로 특히 남편의 성격이 서로 다름을 인정하는 것으로 서로에게 찾아 장단점을 충분히 수렴한 후 가족 구성원들과 소통의 장을 마련해 서로 이해하고 인정하는 것이다.

7) 소감 나누기

누구에게도 털어놓지 못했던 이야기들을 털어놓으니 후련한 마음이

든다. 내 욕심 때문에 아이들, 특히 큰아이가 힘들었을 것 같다. 어른이니 아이들은 내가 잘 알고 있기 때문에 잘하고 있다고 생각했는데 아이들이 심리적으로 문제가 많다는 것은 인식하지 못하고 그저 아이들 잘못으로만 치부해 왔다. 그런데 이번 상담을 받고 아이들에게 심리적 부담을 많이 줬다는 사실을 알게 되었다. 그리고 나의 성격적인 면에서도 내가 미처 알지 못한 어린 시절의 도식 때문에 아이들에게도 공감이나 지지를 전혀 해 주지 못한 사실을 깨닫게 되었다.

8) 구체적으로 행동하기

첫째, 가혹한 기준 낮추기

둘째, 큰아이에게 인정과 지지해 주기

셋째, 충분하게 들어 주기

III. 에니어그램 가족상담 역동

1. 엄마와 자녀의 역동

〈표 33〉 엄마와 자녀의 역동

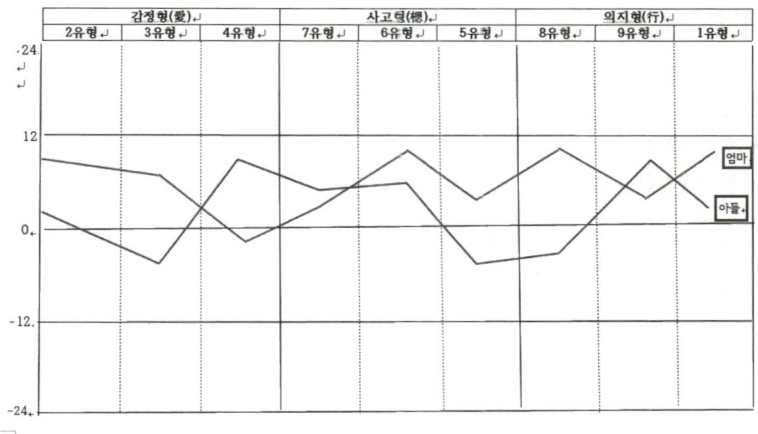

　엄마의 주 성격은 1번 유형이고, 보조 성격은 6, 8번 유형이다. 성실함과 헌신적으로 가족들을 보살피고 있다고 자신은 생각하고 있다. 보조 성격 8번 유형으로는 결단력과 리더십으로 가족과 강한 연대감과 신의를 중시하면서 자신의 통제하에 이루어지기를 바란다. 교류 방식 또한 다른 사람들에게 불리한 위치에 놓고 거래를 하고, 상대를 통제하고 싶어 한다. 1번 유형은 자신이 옳다는 신념이 강할수록 상대방을 가르쳐 주고 싶어 하고 나아가서는 고쳐 주어야 한다고 생각한다.

내담자인 자녀의 주 성격은 4번 유형이고, 보조 성격은 6, 9번 유형이다.

엄마와의 관계에서 통제를 억압으로 받아들이면서 힘들어하고 있다. 4번 유형의 특징은 나는 특별한 존재라는 것이고 독특한 멋을 지닌 사람으로서 예술가적인 특성을 보이기도 한다. 그러나 1, 3, 8번 유형을 비교해 보면 점수 차이가 있다.

엄마는 성취하고자 하는 욕구가 크고, 아이는 1, 3, 8번 유형이 낮게 나타나 있다. 반면 엄마는 이 3개의 유형이 자녀보다 높게 나왔다. 엄마의 힘과 규칙과 원칙에서 힘들어하고 있는 상황이다.

에니어그램 성격유형의 분석을 통해 서로의 성향이 크게 다르다는 것을 인정해 주고 아이가 좋아하는 예술적인 취미활동을 권유했다. 서로의 잘못이 아니라 성향이 다르기 때문이라는 것을 앎으로써 에니어그램 성격유형 검사의 중요성을 인식하게 되었다.

2. 부부의 역동

검사 당시에는 결혼 전으로 여자 친구, 남자 친구로 검사를 했다. 그때 한 질문은 "우리 결혼해도 될까요?"였다.

에니어그램 검사 결과를 살펴보니, 여자 친구는 주 성격이 5번 유형, 보조 성격이 2번과 4번 유형으로 그래프를 살펴보면 2번, 4번, 5번, 8

에니어그램 명상상담 전략

번, 1번 점수가 +12점이 넘어 불건강 상태였다.

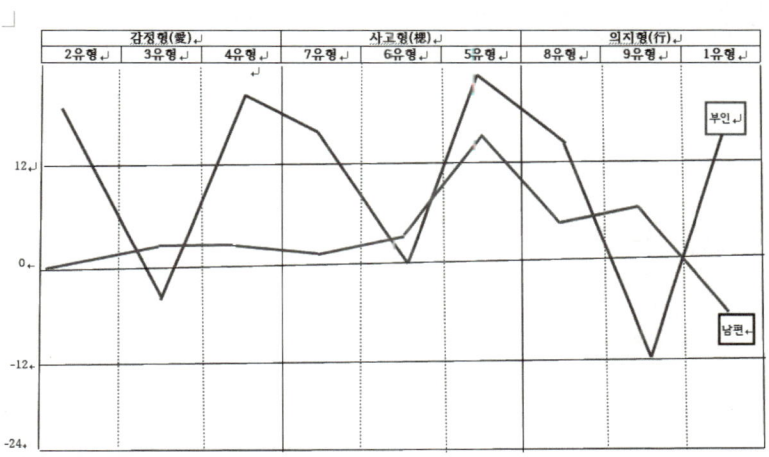

〈표 34〉 부부의 역동

여기서 점수의 범위가 +12점과 -12점 밖으로 벗어나 있으면 불건강한 상태로 해석할 수 있다. 거침없는 자기표현으로 상대방이 상처를 받을 수 있다고 강조해 주었다. 반면 남자 친구는 비교적 안정적인 패턴을 보여 주었다. 5번 유형이 서로 비슷하지만 다른 유형에서는 현저한 차이를 보여 주고 있었다. 두 역동 그래프를 분석하며 남자친구에게 "과연 감당할 수 있겠어요?"라는 질문을 던졌다. 그랬더니 한번 감당해 보겠다는 의지를 보여 주었다. 그래서 한 가지 제안을 했는데, 상담을 통해서 명상 호흡 프로그램으로 두 사람에게 생활에서 발생되는 문제들을 알아차림 할 수 있는 계기를 마련해 주는 것이었다. 그래서 남자친구에게는 5회기 상담을 통해서 주로 몸 느낌이나 감정을 정화할 수 있도록 하였다. 그리고 여자 친구에게는 8회기 상담을 통해 널뛰는 감정들과 불안을 가라앉히는 명상과 명상일지 쓰기를 권유하였다.

두 사람은 결혼했고, 그 이후에도 부인은 한 1년에 한 번씩 8회기 상담을 2년 동안 상담을 받았다. 8년이 지난 지금, 두 사람은 잘 살고 있다.

3. 4인 가족의 역동

1) 가족관계

- 아버지(49): 대졸, 회사원, 지방 근무(주말부부)
- 어머니(48): 대졸, 주부, 동거
- 남동생(고 2): 동거

2) 에니어그램 검사

- 내담자(딸): 주 성격 6번 유형, 보조 성격 3, 9번 유형
- 아빠: 주 성격 9번 유형, 보조 성격 3, 6번 유형
- 엄마: 주 성격 8번 유형, 보조 성격 1, 2번 유형
- 남동생: 주 성격 9번 유형, 보조 성격 7, 8번 유형

에니어그램 명상상담 전략

<표 35> 4인 가족의 역동

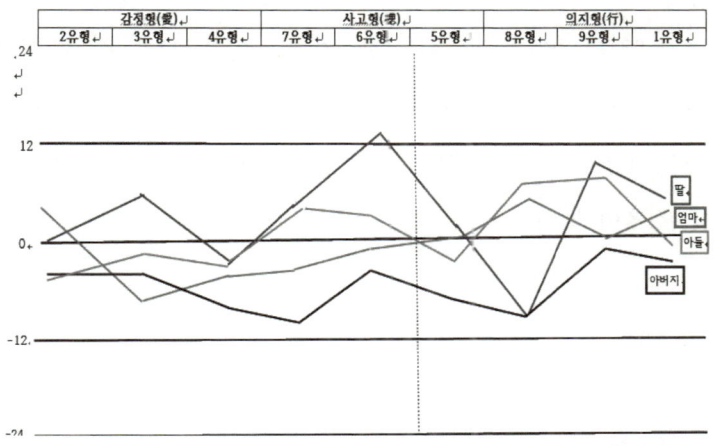

〈표 35〉 4인 가족의 역동

　내담자의 검사결과를 살펴보면 6번 유형이 +12점이 넘어 취약하다. 내담자 주 성격 6번 유형, 보조 성격은 9번, 3번 유형이다. 이렇게 보면 삼각형 형태로 안정적인 성격의 소유자일 수도 있다. 그러나 3번 유형이 좀 약하다고 말할 수 있다. 즉 균형이 깨졌다고 볼 수 있다. 점수 간의 차이가 크다는 것은 불건강한 상태임을 의미한다.

　반면 엄마의 검사는 주 성격은 8번 유형, 브조 성격은 1, 2번 유형으로 8번 유형은 상대방을 완전히 내 쪽으로 통제하려는 성향이 강하고, 1번 유형 특징인 규칙과 옳은 일을 해야 한다는 강박도 가지고 있을 수 있다. 그래서 가정에서 자녀들을 있는 그대로 수용하여 상대방을 배려하기가 어려울 수 있다.

　여기서 주목해야 할 부분은 남동생의 성향이다. 주 성격이 9번 보조 성격이 8번으로 자기표현을 잘한다. 누나 입장에서는 엄마와 남동생이 같은 편이라 생각하고 있다.

아빠의 에니어그램 성격유형 검사를 살펴보면 거의 주장을 하지 않는 것으로 두 편으로 갈라져 있는 상황으로 보였다. 딸과 점수의 차이는 있지만 그래프 성격유형 특징이 거의 같다. 그런데 아빠는 지방 근무로 주말에만 만나는 경우였다. 그래서 더욱 정서적인 결핍으로 의욕이 없는 경우이다.

3) 사례 개념화

(1) 가족관계

가족 사이에서 불편함을 느끼고 있고, 적절한 소통의 부족으로 의미 있는 가족과 관계를 맺기보다는 주변인으로 머물거나 고립감을 느끼고 있을 수 있다. 특히 남동생은 아주 조금만 성적이 올라도 과한 칭찬으로 돌아오지만 자신은 아무리 노력해도 당연한 결과라 칭찬은 없었다고 한다. 거기서 오는 좌절감이 많았고, 가족 내에서 자율성에 대한 억압으로 인한 분노감과 화가 쌓일 수 있다. 현재는 대학 진학도 포기하고 집 안에서 고립을 선택하고 있다. 그러므로 가족관계 사이의 성격유형을 탐색할 필요가 절실하다.

(2) 친구관계

특히 초등학교 때에는 비교적 문제없이 공부도 잘하고 교우관계도 좋았다. 그런데 중학교 이후 고등학교 졸업 후는 거의 친구들을 만나지 않는다고 한다.

(3) 인지적 측면

부모님들의 교육열이 높은 가정환경에서 자라 습득된 지식이 많고 비교적 높은 학업성취를 보이고 있다.

(4) 정서적 측면

지속되어 온 스트레스 상황으로 긴장감, 불안감을 느끼고 있을 수 있다. 현재 정서적인 이유들로 자신이 가지고 있는 지적 능력의 발휘에 어려움을 겪고 있다. 이는 내적으로는 부정적인 자기 평가와 우울감과 무력감으로 이어지고, 외적으로는 가족에 대한 분노감이 쌓였다고 볼 수 있다.

4) 내담자의 주 호소 문제

① 방 안에서 나오기 싫다.
② 가족 그 누구와도 말하기 싫다.

5) 상담 목표 및 전략

① 내담자에게 문제인 가족 간의 소통에 대한 정보 및 교육을 제공한다.

② 에니어그램의 성격적 특징이 가족 간의 서로 다름을 이해하고 내담자 스스로 자기 성격적 특성을 알고, 부모님도 상담에 참여할 수 있도록 돕는다.

③ 내담자가 가정에서의 스트레스, 긴장, 불안에 대한 대처할 수 있는 명상 호흡 기술 습득을 돕는다.

④ 명상을 통해 내담자의 억압된 감정을 표출하고 자신의 좌절된 욕구를 충분히 자각하게 하고 통찰과 함께 새로운 행동을 선택할 수 있는 구체적인 대안을 찾도록 돕는다.

6) 에니어그램 명상상담 절차와 적용

주 1회 8회기 상담, 시간은 90분 상담. 내담자의 성격유형에 나타난 개인적인 특징에 따라 감정형, 사고형, 의지형에 적절한 명상법을 선택하여 내담자에게 알맞은 명상법을 적용하였다.

(1) 1회기 상담: 성격검사와 대인관계 탐색

스트레스를 어떻게 받고 스트레스가 무엇인지 파악하여 감정, 생각, 갈망을 파악하여 알맞은 명상을 적용하였다. 먼저 감정형의 명상법으로 분노에 감정을 알아차리고 머물러서 충분히 지켜보게 하여 판단과 평가 없이 내면의 감정을 어떤 변화가 있는지 살펴보게 하여 통찰하도록 하여 대인관계에서 무엇을 어떻게 해야 하는지 미해결된 문제를 알아차리기를 통하여 내담자 스스로가 실마리를 찾도록 하였다.

(2) 2회기 상담: 어린 시절의 경험

어린 시절의 결핍정서가 오늘날 현재에 가족들에게 어떤 영향을 미치고 있는지를 탐색하여 어린 시절 고착 되었던 부적응적인 경험을 나누고 그때의 핵심 감정에 이름을 붙이고 감정의 척도 및 감정의 모양을 명상으로 떠올려 가장 불편한 장면으로 돌아가 호흡과 함께 지켜보면서 감정의 척도, 모양, 색깔 등의 변화과정을 충분하게 살펴보게 한 후 무엇이 문제였는지? 어떻게 하면 좋을지 내담자 스스로가 문제의 핵심을 알아차리게 하였다.

(3) 3회기 상담: 자아개념(감정, 사고, 의지) 탐색

무엇이 나인지를 탐색하게 한 후 감정, 생각, 욕구들이 무엇에 집착을 하고 있는지 감정형, 사고형, 의지형의 명상을 개입하여 무엇이 문제인지 어떻게 할 것인지를 살펴보게 하였다.

(4) 4회기 상담: 역동(대응행동)

스트레스 상황에 놓이면 내담자 자신은 행동을 어떻게 하는지 탐색 후 위기 상황 속에서 어떻게 회피하고 있는 자신을 탐색하여 내담자의 스트레스 유형을 알고 대응할 수 있는 힘을 기르게 하였다.

(5) 5회기 상담: 자신의 본질을 알고 성장방향 설정하기

성격 분석을 통해 자신의 본질이 무엇이며 성장 방향으로 가기 위해서는 어떻게 할 것인지를 탐색하게 한 후 그동안 하고 싶었지만 하지 못했던 행동이나 표현을 할 수 있도록 하였다.

(6) 6회기 상담: 새로운 행동계획 세우기(집 안에서 할 수 있는)

① 아침에 일어나면 침대에 앉아서 호흡하기
② 가족과 함께 식사 같이 하기
③ 엄마랑 하루 10분 대화하기
④ 명상호흡 일기 쓰기 주 3번 이상

(7) 7회기 상담: 새로운 행동계획 세우기(외부 활동)

① 친구랑 약속 잡기
② 동생과 쇼핑하기
③ 하천 걷기(5,000보 이상)
④ 좋아하는 장르 독서하기(도서관)
⑤ 가족과 외식하기

(8) 8회기 상담: 종결상담(마무리 추수상담 공지)

1회기 상담 시작으로 8회기까지 오면서 상담목표 달성 정도를 내담자와 점검하고 고립감을 해소하고 가족과의 소통으로 내담자의 보고를 통하여 목표 달성 정도를 살펴보았다.

첫째, 에니어그램의 성격유형을 통하여 명상상담의 적용으로 고립의 원인과 가족과의 침묵의 이유를 알고 분노가 낮아지는 것에 초점을 두고 어린 시절 결핍된 정서가 오늘날 현재 가족과 소통에 영향을 미쳤다는 것을 명상치유를 통해서 변화과정을 알 수 있었다. 둘째, 내담자 자신은 누구인지, 문제는 어디서 비롯됐는지를 알게 되어 고립으로부터 벗어날 수 있었다. 셋째, 스트레스 상황에 놓이면 어떻게 대응행동을 하는지를 알고 개선할 수 있었다. 넷째, 자신의 본성을 알고 성장 방향으로 나아가는 길을 알게 되었다.

(9) 소감

에니어그램 성격검사 후 결과를 나의 성즈과 현재 심리 상태를 너무나 정확하게 잘 설명해 주셔서 놀랐고, 한편으로는 '상담을 한다고 변화가 있겠어' 하고 믿어지지 않았지만 그래도 한 가닥 실마리라도 찾기 위해 받기로 하였다. 그런데 회기가 거듭될수록 호흡이 편안해지면서 머리가 맑아짐을 느꼈다. 그리고 명상은 감정의 변화를 그대로 살펴볼 수 있어서 나의 감정을 잘 살피게 되었다. 또한 가족과 관계에서도 나의 필요를 요청하게 되었고 그동안 표현 못 했던 것도 표현하게 되니 표정도 밝아졌다고 가족들은 말하고 있다.

　가족 상담을 하면서 에니어그램이 먼저 나를 알고 타인을 이해하며, 원활한 대인관계 속에서 자신의 본성과 함께 성장해 나가게 해 주는 가장 핵심적인 도구라는 결론을 내렸다. 각 개인의 타고난 기질과 성격적 특성이 다르기 때문에 취약한 부분이 있기 마련이다. 다만 발달 초기 어떤 경험을 하느냐에 따라서 정신적, 신체적으로 복잡하게 얽힌 문제가 나타날 수 있다.

　태어나서 가장 먼저 만나는 게 가족이다. 한 개인으로서 성장해 가면서 가족 구성원들의 성격적 특징을 잘 이해하고 구성원들과 상호작용하는 것이 무엇보다 중요하다. [3]

---

3)　제2부는 28권. 2022. 12. (사)학국명상심리상담학회 게재 저자논문을 일부 수정하였음.

제3부

제3부에서는 에니어그램 상담현장에서 나타난 대인관계의 어려운 점과 성장 방향으로 나아가는 각 유형의 특징에 따라서 건강한 대인관계를 유지하기 위한 방안을 제시하였다. 첫째, 각 유형 대인관계는 건강상태일 때와 불건강상태일 때 다르게 나타날 수 있다. 둘째, 각 성격유형의 주 성격이나 보조 성격에 따라서 또는 각 개인 어린 시절의 경험과 여러 요인들로 인해 다를 수 있기 때문에 일반화해서는 안 된다는 점이다. 셋째, 자신의 현재 심리 상태에 따라서도 대인관계의 패턴이 다르게 나타날 수 있다. 넷째, 명상을 통해서 질문을 하는 것이다. 뭐가 '나'일까. 진정한 나를 찾아 통찰을 하는 명상도 도움을 가져다줄 것이다. 따라서 에니어그램 검사를 통해서 자신의 성격유형을 정확하게 알 필요가 있음을 밝힌다.

1. 에니어그램의 각 유형의 대인관계 사례

1) 감정형 2번 유형의 대인관계

(1) A 씨

에니어그램 검사 결과 주 성격이 2번 유형으로 나온 경우다. "저는 결혼해서 지금까지 한 번도 선물을 해 본 적이 없습니다. 제 감정이 온통 부인을 생각하는 마음으로 가득 차 있기 때문에 굳이 따로 선물할 필요를 느끼지 않습니다." 이 사례는 감정을 주는 것으로 자신이 할 일을 다 했다고 느끼는 사례이다.

(2) B 씨

에니어그램 검사 결과 주 성격 2번 유형 점수가 16점이었다.

"과도하게 자주 선물을 하는데 한 번도 '감사하다', '고맙다'라는 말을 듣지 못해 부인에게 섭섭했어요. 그래서 한번은 표현하기 힘들었지만 말을 했어요. 내가 이렇게 자주 선물을 주는데 한 번도 고맙다는 말을 하지 않느냐고 물었더니 당신이 좋아서 하잖아, 내가 원치 않는 선물인데 내가 왜 고마워해야 하는지 모르겠어요."

(3) C 씨(20대)

에니어그램 2번 유형을 보조 성격으로 가지고 있는 경우다.

"제가 강의를 듣지를 못했어요. 혹시 강의 노트 정리한 것 있으면 보여 줄 수 있어요, 라고 했더니 아주 친절히 다가와 강의 내용도 들려주고, 본인의 시간까지 쪼개서 녹음파일까지 공유해 주었어요. 누구에게

나 사랑받는 학생이지만, 자신이 힘들다고 말하지 않으려 합니다."

2) 감정형 3번 유형의 대인관계

(1) A 씨

"저는 중소기업에 다니고 있는데 전세 대출 받아서 넓은 아파트에서 독립해서 혼자 살아요. 그래야 친구가 놀러 와도 당당하게 자랑할 수 있어요. 그리고 지금 다니는 회사는 그만두고 누구나 아는 그런 직장을 구하고 있어요."

(2) B 씨

"저는 친구들과 모임에 나갈 때 잘 차려입고 나가요. 그리고 성공적인 일이나 바쁜 일정을 자주 말하고 그들에게 '프로젝트 때문에 바빠'라며 내가 열심히 사는 사람으로 행동해요. 그래야 저를 인정해 줄 것 같아요."

(3) C 씨

"저는 팀장인데 성과 시즌이 다가오면 팀 실적을 올리기 위해 적극적으로 팀원들을 격려하고 야근도 마다하지 않아요. 그러면서 상사에게 팀 진행 상황을 보고하고, 발표 자료도 세련되고 완벽하게 준비합니다.

그래서 팀원들에게 '우리가 완벽하게 잘해서 주목을 받아야 한다'고 강조합니다."

3) 감정형 4번 유형의 대인관계

(1) A 씨

"동생이 태어나서 병원에서 퇴원해서 엄마가 안고 오셨어요. 저는 동생 얼굴을 보고 싶어 다가갔는데 엄마는 그냥 방으로 들어가 버렸어요. 그때 저는 완전히 버려지는 느낌이었어요. 엄마의 뒷모습만 볼 수밖에 없는데 마치 태양이 사라지는 듯한, 아주 서늘하고 캄캄한 느낌을 받아서 엄마 몰래 동생을 꼬집어 울린 적도 있어요."

(2) B 씨

"제가 출근을 했는데 어떤 선생님이 저와 같은 옷을 입고 온 겁니다. 저는 저만의 특별한 옷을 입고 왔다고 생각했는데 아니, 이럴 수가 있어요. 그래서 점심시간에 집에 와서 갈아입고 갔어요. 그리고 그 옷은 언니에게 주어 버렸어요."

(3) C 씨

"저는 50대 중반으로 직장에서 스트레스로 인하여 힘들어하고 있는

데 아내가 그림 공부를 해 보라고 학원 등록을 해 주어서 다니는데 너무 즐거워요. 제가 이렇게까지 그림에 소질이 있었나 싶어요. 그래서 기회가 되면 전시회도 한번 해 볼까 합니다."

4) 사고형 7번 유형의 대인관계

(1) A 씨

"저는 여행을 좋아해서 여행 계획이 달력에 가득해요. 늘 새로운 여행지를 찾아다니는 편입니다. 호기심이 발동하면 계획도 없이 바로 떠납니다. 중간에 여행 일정도 수시로 잘 바꿉니다. 그래서 친구들에게 계획대로 하지 않는다는 이야기도 종종 들어요."

(2) B 씨

"저는 저녁이 되면 네온사인 불빛들이 저를 부르는 것 같아서 흥분합니다. 그리고 더러 불안과 스트레스가 쌓이면 그것을 잊기 위해서 폭음을 하는데 얼마나 마시는지 현관에 신발 위에서 잠든 적도 있어요. 저는 그러는 것 같아요. 불안하면 일단 밖으로 나가요. 그래서 이것저것 경험해 보지만 그때뿐, 불안은 다시 찾아오더라고요."

　　　　　　　　　　　　에니어그램 명상상담 전략

(3) C 씨

"저는 새로운 모임에 가서 어색하게 앉아 있지 못하고 무거운 분위기를 재미있게 바꾸는 시도를 잘해요. 그래서 다른 사람들이 밝고 명랑하다고 말해 주는 데서 저는 기쁨을 느끼려고 하고 있어요. 그리고 유머러스하게 상대방 단점도 기분 나쁘지 않게 말도 해요. 그리고 차를 탔을 때도 어색한 분위기기 싫어서 음악을 틀기도 해요."

5) 사고형 6번 유형의 대인관계

(1) A 씨

"저는 안전해야 해요. 남편이 출장 가고 없으면 밤에 잘 때 문단속, 가스밸브, 커튼까지 모두 내리고 안전하고 느껴질 때까지 점검해야 잠을 이룰 수가 있어요. 그래서 작은 소리에도 예민해져서 잠을 잘 수 없어요. 저는 이런 불안이 찾아오면 그 일이 해결될 때까지 가슴이 두근두근해요."

(2) B 씨

"저는 성실하고 충실해서 끝까지 마무리를 잘해야 하므로 쉽게 결정을 빨리 내릴 수가 없어요. 그래서 남편이 저를 답답하다고 말해요. 그러나 가정 하나는 끝까지 잘 챙기고 아이들에게도 헌신적인 노력을 하면서 키웠어요. 그 점은 아이들도 고마워하고 있어요."

(3) C 씨

"저는 힘 있는 사람들을 좋아해요. 그래서 시원시원하게 문제 해결도 잘하고 결단력이 있는 사람에게 의지를 많이 한답니다. 그래서 단체에서 서로 이익이 되는 체제로 만들어 내고 유지하기 위해서 약속도 잘 지키고 자기 관리를 철저히 하며 안정된 관계를 맺으려고 노력하고 있어요."

6) 사고형 5번 유형의 대인관계

(1) A 씨

"저는 어렸을 때 다락방에 혼자서 종이 인형놀이를 많이 했던 것 같아요. 그래서 부모님께 혼도 많이 났어요. 부모님이 싫어서 저는 침묵으로 일관했어요. 종이학도 천 개씩 접어서 병에 담아 놓기도 했어요. 그리고 다락방에서 편안함을 느꼈던 같고 그곳에서 책도 많이 읽었던 기억이 있습니다."

(2) B 씨

"저는 일상생활에서 불안이 수시로 찾아와요. 그래서 영화관이나 높은 건물에 가면 언제나 비상구를 먼저 살피는 편입니다. 위협적인 상황

에니어그램 명상상담 전략

에 빠르게 파하기 위함이었던 같습니다. 그래서 밖에 나가서 불안이 찾아오는 상황을 만들지 않았던 것 같습니다."

(3) C 씨

"저는 회사에서 회의하면, 저의 제안이 받아들여질 때까지 열심히 논쟁을 합니다. 왜냐하면 내가 했던 자료 수집이나 제가 알고 있는 지식에 대해 인정받지 못하면 견딜 수 없는 불안과 스트레스로 힘들어지기 때문에 저를 지키는 한 방법으로 논쟁을 하는 것 같습니다."

7) 의지형 8번 유형의 대인관계

(1) A 씨

"살면서 제 뜻대로 못 했던 게 없습니다. 모든 게 내가 원하는 대로, 통제하는 대로 따라오기만 하면 손해 볼 일이 하나도 없을 정도로 그 부분만큼은 굉장히 자신이 있었습니다. 체인점도 여러 개 냈고, 직원 관리도 또한 빈틈없이 했고 직원들이 저를 잘 따라 주는 것은 물론이고 서로 신뢰하고 발전했다고 생각했습니다. 근데 어느 순간부터 직원들이 저를 피하데요.

그래서 한 명씩 붙잡고 이야기해 봤더니 '구슨 문제가 있냐?'부터 '사장인 내가 젊은 사람들을 이해를 못 해서 그러냐' 하면서 따져 물었어요. 그런데 우물쭈물거리기나 하고, 대답도 안 하고 자리를 피해 버리더군요. 나 원 참, 내가 그렇게 잘 대해 줬고 성과급이나 인센티브 같은 것도 두둑하게 챙겨 줬는데 은혜를 원수로 갚는다는 게 이런 걸까요. 사장인 내가 직설적으로 이야기 좀 했다고, 가게 분위기도 초상집 같고 직원들은 입에 본드를 붙이기라도 했는지, 꿀 먹은 벙어리마냥 조용합니다. 내가 지들을 어떻게 대해 줬는데, 고마운 줄도 모르고… 쯧! 내 가족이라고 생각했는데 직원들을 다 갈아 치울 수도 없고, 장사를 접을 수도 없으니 답답해서 하소연하러 왔습니다."

(2) B 씨

"저는 새로운 사람들을 사귀면 조금 시간이 지나면 슬슬 저를 피해요. 제가 그 이유를 몰라서 상담을 받았는데 그 이유를 알고 충격에 빠졌어요. 처음에는 제가 그들에게 잘 대해 주다가 어느 정도 친해졌다 싶으면 그들을 완전히 통제하고 그들을 내 방법대로 끌고 가려고 했고, 내 방식대로 따라오지 않으면 협박을 하나 봐요. 너를 앞으로는 도와주지 않을 것이고 관계를 끊겠다고. 나는 한번 아니면 아니라고 하는 것이라고 자주 주변 사람들에게 나를 따르라는 식으로 말을 해 대서 사람들이 슬슬 나를 피했더라고요. 이제야 조금이나마 나를 알게 돼 궁금증이 풀렸어요. 이 나이 먹도록 그것을 몰랐어요."

(3) C 씨

"저는 중견 기업의 팀장으로, 팀원들에게 항상 명확한 목표와 기준을 제시해요. 실적이 떨어지는 팀원이 있으면 직접 찾아가 '왜 이런 결과가 나왔는지 말해 봐'라고 직설적으로 물어보고, 저는 솔직함이 팀원에게 도움이 된다고 믿지만, 몇몇 팀원은 제 태도를 '압박'이나 '무례함'으로 받아들여서 힘들어해요. 저는 약한 팀원을 도와주고 싶어 하지만, 표현 방식이 직설적이고 강해 상대에게 위협적으로 느껴질 수 있을까요?"

(4) D 씨

"저는 연애 중에도 '나는 나만의 시간이 꼭 필요해'라고 말하며 파트너와 일정한 거리감을 유지하려 해요. 그러나 상대가 벽을 느끼고 감정을 나누기 힘들어하자, "왜 자꾸 감정적으로 휘둘려?"라고 말을 했어요. 8번 유형은 저는 감정적으로 휘둘리는 걸 싫어해 감정을 억제하고 통제하려 하지만, 이는 친밀한 관계에서 벽처럼 느껴질 수 있나 봐요."

8) 의지형 9번 유형의 대인관계

(1) A 씨

"저는요. 친구들하고 두루두루 잘 지내려고 참 많이 노력하고 있어요. 근데 친구들은 저를 막 대하고, 외모 지적을 해서 막 화가 나는데요. 그걸 이야기하면 친구들이 저랑 안 놀아 줄 것 같고, 그래서 말 못 하고, 억지로 웃으면서 관계를 유지하려고 해요. 저만 참고 있으면 싸울 일도 없고 깨질 일도 없잖아요."

(2) B 씨

"저는 어린 시절에 부모님 싸우면 엄마한테 가서 아빠 한번 용서해 주고 화해하라고 하고, 아빠한테 가서는 엄마 한번 봐주세요, 하고 부탁하고 이쪽저쪽 다니면서 중재 역할을 했던 기억이 있어요."

(3) C 씨

"저는 친한 친구랑 등산을 갔는데 제 의견도 안 물어보고 자기 마음대로 코스를 정하고 저를 데리고 다녔어요. 처음에는 편하고 좋았지만 제 체력은 생각지도 않고 무리하게 따라다녀서 저녁에는 다리가 너무 아팠습니다. 말도 못 하고 그 친구 하자는 대로 따라다니다 힘들어서 우울해지도 했지만, 나중에는 화가 났어요."

9) 의지형 1번 유형의 대인관계

(1) A 씨

"제가 신뢰하고 믿는 직장 동료가 있는데 그 동료가 프로젝트를 진행하는 게 있어서 저한테 피드백을 해 달라고 해서 진짜 열심히 알려 줬거든요. 근데 거기에서 잘 이해를 못 하길래 더 자세하게 알려 줬는데, 그때 빈정 상하는 일이 있으면 그 자리에서 말을 했어야 하는데, 다른 동료에게 자기를 너무 가르치려고 든다면서 자기도 할 수 있는 부분까지 간섭했다는 식으로 뒤에서 깠다는 거예요. 저는 옳은 말을 했는데 그걸 힘들다고 받아들인 본인이 잘못된 거지, 이번 기회에 진짜 그 동료에게 너무 많은 실망을 했고 허망한 느낌마저 드는 것 있죠? 게다가 다른 사람들은 그 동료를 감싸기만 하고. 저한테는 원칙을 지키는 것도 좋지만, 적당히 했어야 한다면서 이야기를 하는데, 직장 동료 하나 때문에 왜 제가 부당함을 경험해야 하죠?"

(2) B 씨

"제가 운전을 하면서 가고 있는데 갑자기 옆 차선에서 달리던 차가 제 차선으로 확 끼어들어 오면서 난폭운전을 하는 거예요. 하마터면 사고가 날 뻔했다니까요. 그나마 뒤에 차가 없어서 다행이었지만, 아이도 타고 있었고, 급브레이크를 밟아서 애가 놀래서 울고 난리통 속에서 그대로 그 차를 두면 계속 그럴 것 같아서 바로 경찰에 신고했어요. 그런데 남편이 뭐라고 한 줄 아세요?

'뭐 그런 것으로 신고를 했냐. 아이도 무사하고 너도 안 다쳤지 않냐. 그냥 한 번 욕하고 참으면 될 일을 뭐 크게 만드냐'는 식으로 말하는데 그게 참아서 될 일이냐고요. 내 새끼가 큰일 날 뻔했는데…. 순간 확 열받아서 남편하고 대판 싸웠다니까요. 마음 같아서는 확 갈라서고 싶어요."

(3) C 씨

"저는 1번 유형이 운전하는 차를 함께 타고 가는 길이었는데 도로 공사를 하고 있더라고요. 안전요원이 안전복 착용도 안 하고 차들을 안내하고 있는데, 같이 운전하고 가던 1번 유형이 멈춰 서더니 지금 뭐 하고 있냐고 그 사람을 혼내고 있는 거예요. 안전복 착용하고 차량 통제를 제대로 하라고 하면서 가르치려 들잖아요. 그래서 제가 그렇게 말했어요. '우리 갈 길도 시간이 없는데 그렇게까지 하고 싶냐'고요. 그랬더니 1번 유형은 제대로 고쳐야 한다고 하네요. 저는 1번 유형이 이해가 안 갔어요."

2. 에니어그램의 대인관계에 나타날 수 있는 문제들과 성장으로 나아갈 방향

에니어그램은 인간이 어릴 적 생존 전략으로 형성한 성격 패턴에 따라 타인과 관계를 맺는다고 본다. 예를 들어 2번은 사랑받기 위해 도와주려 하고, 5번은 침해받지 않기 위해 거리를 두고, 8번은 지배당하지 않기 위해 강한 모습을 유지한다. 이처럼 우리가 누구와 어떻게 대인관계인 사회성, 교류, 애착관계를 맺는지는, 곧 우리가 누구인지에 대한 자신을 알고 이해하게 될 것이다.

에니어그램은 단순히 자아개념으로 '나는 이런 사람이야'에서 멈추는 것이 아니라, '내가 건강하게 관계 맺기 위해 어떻게 변화할 수 있을까?'를 고민하게 한다. 8번은 신뢰를 통해 부드러움을 배우고, 4번은 자기 감정에만 몰입하지 않고 타인과의 균형을 배운다.

에니어그램은 나뿐 아니라 타인의 성격 구조도 이해할 수 있게 해 준

에니어그램 명상상담 전략

다. 서로 다름을 존중하고, 역할을 인정하며 조화를 이루는 데 큰 도움을 주며, 팀워크, 부부관계, 가족, 친구 간의 이해 증진에 탁월한 도구이다. 에니어그램의 성격 유형을 공부한다는 것은 가짜의 삶이 아니라 진솔한 자기 삶을 살아가도록 돕는 길이다.

에니어그램에서 대인관계는 단지 인간관계 기술을 넘어서, 자기 이해와 변화, 타인과의 조화, 진정한 연결을 위한 필수 요소이다. 에니어그램 유형별로 대인관계에서 자주 부딪히는 패턴과 건강한 관계를 위한 각 유형들의 관계에서 어떻게 행동하는지 이해하고, 더 나은 소통을 위해 어떻게 변화할 수 있을지에 대한 팁은 다음과 같다.

1) 에니어그램 1번 유형

에니어그램 1번 유형이 대인관계에서 자주 부딪히는 이유는 과도한 비판, '규칙', '규정'과 같은 올바른 것을 중시하기 때문에, 다른 사람들이 규칙을 따르지 않거나 실수를 저지를 때 비판적이거나 심지어 공격적으로 반응할 수 있다. 자신의 실수나 잘못에 대해 지나치게 자책하며, 이를 타인에게 보이는 것을 꺼려한다. 건강한 대인관계를 위해서는 완벽하지 않아도 괜찮다는 점을 인식하고, 항상 모든 것을 완벽하게 하고 싶어 하지만, 관계에서는 '좋은 의도'를 먼저 인정해 주는 것이 중요하다.

타인의 감정에 더 귀 기울이고, 다른 사람들이 불완전함을 겪는 데 대해 판단, 평가하고 비판적이지 않도록 그들의 경험을 존중하고, 대신 피드백을 부드럽게 전달하는 연습을 해 보는 것이다.

2) 에니어그램 2번 유형

에니어그램 2번 유형이 대인관계에서 자주 부딪히는 문제는 자기희생적인 행동으로, 타인의 필요를 너무 우선시하다가 자신을 돌보지 않는 경향이 있다. 이로 인해 '내가 이렇게 많은 걸 해 줬는데, 왜 고마워하지 않지?'라고 느낄 수 있다. 타인이 감정적으로 돌봐 주지 않거나 인정을 해 주지 않으면 상처받을 수 있다. 건강한 관계를 위해서는 자기 자신을 우선시하고, 타인을 돕는 것보다 중요한 건 자신의 감정과 필요를 먼저 인식하는 것이다. 기대하지 말고, 의도적으로 감사의 표현을 요구하지 않는 것이다. 2번은 타인의 인정에 의존하는 경향이 있지만, 이를 줄이고 자신을 위해 거절하는 방법과 필요를 요청하는 방법을 연습하는 것이 중요하다.

3) 에니어그램 3번 유형

에니어그램 3번 유형은 목표 달성에 집중하기 때문에, 때때로 자신의 감정이나 타인의 감정에 소홀해질 수 있다. 또한 다른 사람들 앞에서 좋은 이미지를 유지하려는 욕구가 강하기 때문에, 진정성을 잃고 가면적인 모습을 보일 수 있다. 건강한 관계를 위해서는 진정성을 우선시하고, 성취가 중요한 만큼, 타인과의 관계에서 감정을 진지하게 나누는 것도 중요하다. 때때로 자신의 약점을 보여 주는 것이 사람들과의 유대감을 강화할 수 있다는 점을 명심해야 한다. 그리고 타인의 성공을 축하할 수 있도록 한다. 3번은 경쟁적일 수 있지만, 다른 사람들의 성취도

진심으로 기뻐하며, 서로 격려하는 자세를 기르는 것이 필요하다.

4) 에니어그램 4번 유형

에니어그램 4번 유형은 개인주의자로, 대인관계에서 자주 부딪히는 점은 감정적 고립이다. 자신을 특별하고 독특한 존재로 느끼기를 원하기 때문에, 때때로 아웃사이드를 선택하며 감정적으로 거리를 둔다. 4번은 감정의 변화를 빠르게 경험하며, 때로는 그 감정이 관계에 영향을 미칠 수 있다. 건강한 관계를 유지하기 위해서는 감정을 솔직하게 표현하고, 감정을 숨기지 말고, 격정적인 순간에도 상대방과 소통하려는 노력이 중요하다. 비교하지 말고, 다른 사람들과 자신을 비교하기보다는 자신만의 가치와 독특함을 인정하는 것이 중요하다.

5) 에니어그램 5번 유형

에니어그램 5번 유형이 대인관계에서 자주 부딪히는 점은 감정적 거리이다. 감정적 거리를 두고, 감정적 연결에 어려움을 겪을 수 있다. 필요 이상으로 내성적이거나 비밀스럽게 행동하며, 자기만의 세상에 몰두하고 다른 사람과의 관계에서 감정적 교감을 놓치는 경향이 있다.

건강한 관계를 위해서는 자신의 감정을 인정하고 표현해야 한다. 5번은 감정을 억제하거나 나타내지 않으려는 경향이 있지만, 관계에서 감정을 나누는 것이 중요하다.

타인과의 교감을 강화하고, 지적 대화를 나누는 것은 좋지만, 때때로 감정적으로 가까워지려는 의도를 가지는 것이 더 중요하다.

6) 에니어그램 6번 유형

에니어그램 6번은 대인관계에서 불안과 의심이 많아, 타인을 신뢰하는 데 어려움을 겪을 수 있다. 때로는 지나치게 의심을 품고 갈등을 초래할 수 있기 때문에 권위자에게 지나치게 의존할 수 있다.

또한 안정감을 찾기 위해 다른 사람들의 인정이나 보호를 구하는 경향이 있을 수 있다. 건강한 대인관계를 위해서 자신의 불안을 다루는 법을 배우고, 감정을 직면하는 방법을 배우는 것이 중요하다. 자신을 믿고, 타인에게 의존하기보다는 자신에게 자신감을 가지고 독립적으로 행동하려는 노력이 절실하게 필요하다.

7) 에니어그램 7번 유형

에니어그램 7번 유형은 즉흥적인 행동으로 자주 즐거운 순간을 추구한다. 현실적인 문제를 회피할 수 있기 때문에 깊은 관계를 쌓기보다는 표면적인 관계에 머무를 수 있다. 그리고 불편한 감정을 마주하지 않으려 하고, 쉽게 즐거운 것으로 주의를 돌리려고 한다.

건강한 관계를 위해서는 감정을 진지하게 다루어야 한다. 즐거움을 추구하는 것도 좋지만, 중요한 일에서는 책임을 다하는 성숙한 모습을 보이는 것이 관계에서 깊이를 더할 수 있다.

에니어그램 명상상담 전략

8) 에니어그램 8번 유형

에니어그램 8번은 과도한 통제로 다른 사람들을 보호하려는 강한 욕구가 있지만, 이로 인해 타인에게 압박감을 줄 수 있다는 점을 명심해야 한다. 감정을 드러내기보다는 강한 이미지를 유지하려는 경향이 있어, 관계에서 감정적인 소통이 부족할 수 있다.

건강한 관계를 위해서는 타인을 신뢰하고, 지나치게 통제하려는 욕구를 줄이고, 타인에게 신뢰를 주는 것이 중요하다. 감정을 나누고, 강한 외면을 보이기보다는 감정을 열어 놓고 진심으로 소통하는 태도가 무엇보다 필요할 것이다.

9) 에니어그램 9번 유형

에니어그램 9번 유형은 갈등을 피하려고 하며, 종종 타인의 의견에 맞추어 자신의 의견을 말하지 않는다. 이로 인해 관계에서 진정한 자기표현이 부족할 수 있다. 타인을 배려하다 보면, 자기 자신을 돌보지 못하고 자신을 잃을 수 있다는 점이다.

건강한 관계를 위해서는 타인의 의견을 존중하려는 마음이 있어야 하지만, 자신의 목소리도 분명히 낼 필요가 있다. 갈등을 건강하게 해결하고, 갈등을 피하기보다는 적극적으로 문제를 해결하려는 태도를 갖는 것이 중요하다.

따라서 에니어그램을 통해 대인관계를 좀 더 깊이 이해하고, 각 유형에 맞는 방식을 적용하면 관계가 더욱 원활하고 건강해질 수 있다. 에니어그램을 활용하여 자신과 타인을 더 깊이 이해하는 것은 단순히 개인적인 성장을 넘어서, 더 풍성하고 의미 있는 대인관계를 만들어 가는 중요한 과정이다. 이로써 우리는 더 큰 이해와 사랑, 존중을 바탕으로 관계를 발전시킬 수 있을 것이고, 에니어그램을 통해 자신과 타인을 이해하고, 더 건강하고 효과적인 대인관계를 만드는 것이 진정한 성장으로 나아갈 수 있다는 점이다.

검사기관: ㈜ 명상상담평생교육원(www.medicoun.com)

참고문헌

[학위논문]

권주희(2022), 에니어그램을 활용한 명상상담 프로그램 적용 사례 연구, 동방문화
　　대학원대학교 박사학위논문.

권예솜(2022), 직장내 대인관계 스트레스와 주관적 안녕감 간의 관계, 영남대학교
　　대학원 박사학위논문.

강미자(2016), 가족관계 향상을 위한 불교 명상프로그램이 중년여성의 알아차림,
　　자기-자비, 역할 스트레스 및 결혼만족에 미치는 효과, 동국대학교
　　박사학위논문.

강광순(2010), 마음 챙김 상담 프로그램이 유방암환자의 스트레스 지각 대처 방식
　　및 반응에 미치는 효과, 전남대학교 박사학위논문.

김안득(2011), 요가, 춤명상프로그램이 중년여성의 스트레스 완화에 미치는 효과,
　　영남대학교 대학원 박사학위논문.

김성철(2014), 사띠(Sati) 수행력의 측정과 향상을 위한 기기와 방법, 韓國佛教學 72,
　　p.68.

김명희(2017), 고등학생의 스트레스가 대인관계 문제와 자기자비에 미치는 영향,
　　가톨릭 관동대학교 대학원.

김정숙(2018), 국선도 호흡명상이 여자 중학생의 자아-존중감, 스트레스 정서에 미
　　치는 영향, 대전대학교 박사학위논문.

김동성(2018), 알아차림 명상과 에니어그램의 통합 프로그램 연구, 동방문화대학
　　원대학교 대학원 박사학위논문.

김정희(2020), 독서치료를 활용한 한국형 에니어그램 부모교육프로그램 개발 및
　　효과검증, 선문대학교 일반대학원 박사학위논문.

김원경(2013), 한국형 에니어그램 프로그램이 간호 대학생의 자아정체감, 대인관
　　계 및 셀프리더쉽에 미치는 효과, 전남대학교 대학원 박사학위논문.

김길영(2013). 청소년 탄력성 증진을 위한 스트레스 상담모델연구. 동방문화대학

원대학교 박사학위논문.

민요달(2020), 상담자 자기성찰을 위한 에니어그램 프로그램 개발 및 검증효과 서울불교대학교 대학원 박사학위논문.

신근식(2019), 뇌 교육 기반 명상을 활용한 스트레스 관리 프로그램의 개발 및 효과, 국제뇌교육종합대학교 대학원 박사학위논문.

신은선(2017), 에니어그램 기반 사람 돌봄 프로그램이 간호대학생의 대학생활적응, 정서지능, 불안 및 돌봄 행위에 미치는 효과, 단국대학교 박사학위논문.

심정원(2020), 노인 장기요양기관 사회복지사의 대인관계 스트레스가 소진에 미치는 영향, 대구대학교 대학원 박사학위논문.

이영순(2016), 중년여성 우울증과 영상관법, 동방문화대학원대학교 박사학위논문.

이연숙(2017), 재가방문 요양보호사의 대인관계 스트레스가 이직의도에 미치는 영향, 동국대학교 대학원 박사학위논문.

이정화(2015), 유아기 자녀를 둔 어머니의 에니어그램 성격유형에 따른 삶의 덫 연구, 숙명여자대학교 대학원 박사학위논문.

이현숙(2015), 선교사의 대인관계 스트레스 회복과정연구, 백색대학교 박사학위논문.

이광희(2022), 자각증진프로그램에 참여한 기혼여성 직장인의 대인관계 스트레스 변화과정, 평택대학교 박사학위논문.

이미련(2009), 에니어그램 집단상담 프로그램이 비행청소년의 자아정체감, 대인관계 및 자기효능감에 미치는 효과, 경북대학교 박사학위논문.

윤기명(2009), 여행사사 종사자의 성격유형에 따른 직무스트레스 만족에 관한 연구, 경기대학교 대학원 박사학위논문.

윤서연(2016), 에니어그램 성격유형에 기반한 아버지 양육행동 척도개발, 숙명여자대학교 대학원, 박사학위논문.

유성수(2011), 레크리에이션종사자 에니어그램 성격유형과 직무 스트레스, 직무만족, 조직몰입의 관계, 경기대학교 대학원 박사학위논문.

안미나(2017), 간호사의 스트레스, 소진, 수면 및 행복감에 미치는 효과, 을지대학교 대학원 박사학위논문.

에니어그램 명상상담 전략

안범현(2015), 스트레스 탄력 지향성 척도 개발과 적용에 관한 연구, 숭실대학교 대학원 박사학위논문.

안성섭(2007), 한국형 마음 챙김 명상에 기반한 스트레스 감소 프로그램 이 만성통증에 미치는 효과, 영남대학교 박사학위논문.

윤운성(2013), 『청소년상담가이드』, 한국에니어그램 연구소.

정희경(2020), 푸드아트테라피를 적용한 어린이집 원장의 개인 상담 사례연구, 목포대학교 박사학위논문.

정희정(2008), 유아 에니어그램 성격유형의 관찰척도의 개발과 타당화, 숙명여자대학교 대학원 박사학위논둔.

제경자(2020), 에니어그램 성격유형에 기반한 부부싸움 특성분석, 숙명여자대학교 대학원 박사학위논문.

전현정(2024), 마음 챙김명상이 스트레스, 자기연민, 삶의 질에 미치는 효과: 중·노년을 대상으로 한 비동등성 전·후 설계 중부대학교 대학원 박사학위논문.

이은미(2022), 융의 그림자 이론과 자기실현을 바탕으로 한 무용창작작품 「With Ugly Duckling」의 예술적 특성 연구, 이화여자대학교 대학원 박사학위논문.

최경화(2020), 발달장애아동 어머니의 정서인식 명확성과 양육스트레스가 심리적 안녕감에 미치는 영향, 영남대학교 박사학위논문.

최인숙(2011), 여성공무원의 성격유형과 직무만족의 관계에 관한 연구: 에니어그램 활용을 중심으로, 경원대학교 박사학위논문.

최희선(2022), 자각 증진프로그램에 참여한 기혼여성 직장인의 대인관계 스트레스 변화경험, 국민대학교 박사학위논문.

최연희(2018), 상담자의 자기돌봄과 소진/공감피로의 관계에서 마음 챙김과 자기자비의 역할, 서울벤처대학고 대학원 박사학위논문.

홍기순(2011), 부부싸움에 대한 자녀의 에니어그램 성격 유형별 반응에 관한 연구, 숙명여자대학교 대학원 박사학위논문.

하정훈(2013), 민간 경비원의 대인관계 스트레스와 직무만족, 이직의도의 인과관계, 경기대학교 대학원, 박사-학위논문.

[학회지 논문]

김문자(2022), 명상 상담프로그램이 여대생의 스트레스 감소에 미친 영향, 한국명
    상상담심리학회, 28권.
김문자(2023), 에니어그램을 활용한 영상관법이 분노 감소에 미치는 영향, 불교문
    예연구소, 22집.

[단행본]

권석만(2012), 『현대 심리치료와 상담이론』, 학지사.
권석만(2013), 『현대이상심리학』, 학지사.
김유숙(2022), 『가족상담』, 학지사.
김완일 · 김옥란(2015), 『성격심리학』, 학지사.
송명자(1995), 『발달심리학』, 학지사, p. 223.
이현경(2008), 『이야기치료』, 양서원.
이안숙(2011), 『나와 상대를 찾아가는 여정: 에니어그램: 아홉 가지 성격 유형』, 홍
    익기획.
이강옥(2004), 『에니어그램 이야기: 내면의 빛을 향하여』, 중앙적성출판사.
이종의(2014), 『나와 너의 만남 에니어그램』, 나무의꿈.
박청아(2001), 『성격심리학의 이해』, 교육과학사.
인경(2005), 『염지관 명상』, 명상상담연구원.
인경(2012), 『명상심리치료』, 명상상담연구원.
인경(2016), 『에니어그램 행동특징과 명상상담 전략』, 명상상담연구원.
인경(2016), 에니어그램 명상상담평생교육원.
고경봉 · 박중규 · 김찬형(2000), 스트레스반응척도, 청소년 명상지도법, 책으로여
    는세상.
이우경(2018), 『마음 챙김 기반 인지치료』, 학지사.
신현균 · 김정호 · 최영미(2015), 『아동 · 청소년 심리치료』, 학지사.
카루나 케이턴, 박은영 옮김(2013), 『마음은 어떻게 오작동하는가』, 북도움.
현용수 · 김문자 · 신대정(2023), 『명상심리상담 전략』, 행복한마음.

샤우나 샤피로, 박미경 옮김(2021), 『마음 챙김, 뇌를 재설계하는 자기연민 수행』, 갤리온.

돈 리처드 리소·러스 허드슨, 주혜영 옮김(2000), 에니어그램의 지혜, 한문화.

Robert K. Yin(2021), 신경식·송민채·신현섭·조수현·서이안 옮김, 『사례 연구 방법론』, 한경사.

John Bradshaw, 오제은 옮김(1990), 『상처받은 내면아이 치유』, 학지사.

Judy DeLoache·Elizabeth Gershoff(2019), 송길연·장유경·이지연,·유봉현 옮김, 『발달심리학』, 시그마프레스.

Jeffrey E. Young(2005), 권석만·김진숙·서수균·주리애·유성진·이지영 옮김, 『심리도식치료』, 학지사.

Iso, D. R.(2002), Enneagram transformaticns, Boston&New York, Houghon.

Rohr, R.(2003), The Enneagram II, New York: A Bantam Book.

Naranjo C.(1995), Enneagram in Psycho therapy, Prescott, AZ, Hohm Press.

Maitri Sandra·Jeremy P. Tarcher(2000), Spiritual dimension of the Enneagram nine faces of the soul, Putnam.

Naranjo, C.(1995), Enneagram In Psycho therapy, Arizona, HornPress.

Bast, M.·Thomson, C., Out of the Box(2005), Coaching with the Enneagram, Nine star.

Young, J. E.(1990), Cogniticetherapyforpersonalitydisorders: A schema-focusedapproach, Sarasota, FL: Professional Resource Press.

[외국 논문]

Tolk, L. S.(2005), Integrating the Enneagram and schema therapy : bringing the soul into psychotherapy, Unpublisheddoctoral dissertation. Wright Institute GraduateSchool of Psychology. Tolk.

[뇌파검사]

리포트 작성 공학박사 김대근.

에니어그램 명상상담 전략

ⓒ 김문자, 2025

초판 1쇄 발행 2025년 9월 5일

지은이   김문자
펴낸이   이기봉
편집   좋은땅 편집팀
펴낸곳   도서출판 좋은땅
주소   서울특별시 마포구 양화로12길 26 지월드빌딩 (서교동 395-7)
전화   02)374-8616~7
팩스   02)374-8614
이메일   gworldbook@naver.com
홈페이지   www.g-world.co.kr

ISBN   979-11-388-4652-3 (03180)